1

Rita Scheuermann

# Baukasten  „Humane Schule"

## für Lehrkräfte, Eltern, Schülergespräche und Konferenzen

2

Herstellung und Verlag:
BoD – Books on Demand, Norderstedt
ISBN: 978-3-7481-2923-3

**Lernen ist Erfahrung-
alles andere ist Information.**

**Albert Einstein**

**4**

5

# Inhalt

**Vorwort**     7

1. Süßes oder Saures     9
2. Das Gehirn bestimmt den Weg     13
3. Mentale Verdrahtung     15
4. Bindung kommt vor Bildung     17
5. Taktisch klug lernen     19
6. Demokratie     23
7. Zugewandte Kommunikation     29
8. Bewegungskompetenz schafft Lernbasis     33
9. Gehirnbooster Tanz     35
10. Buch und Bildschirm brauchen Handlung     37
11. Pausen     41
12. Kunst-Musik-Stille     43
13. Das Talent bestimmt den Weg     47
14. Talent braucht Beziehung     51
15. Wie tickt der Mensch grundsätzlich ?     55
16. Life skills in der Computerwelt     59
17. Individuelle Rückmeldung     63
18. Stärken stärken     65
19. Lernfenster beachten     67
20. Lernräume öffnen     69
    Das körpergerechte Lernrevier     70
    Licht, Farbe, schöne Materialien     73
    Platz, Schutz und Sicherheit     74
21. Geistige Anstrengung braucht Energie     77
    Gehirnzerstörer Nahrungsgifte     79
    Weizenjunkie     81
    „Nein" sagen lernen     83

| | |
|---|---|
| Grüne Gehirnbooster | **85** |
| Demokratie in der Kantine | **89** |
| 22. Schokoeigenschaften einer Lehrperson | **91** |
| 23. Kluges Lernen-kluge Gesellschaft | **95** |

# Vorwort

Was brauchen junge Menschen, damit sie in der Schule optimal lernen können?

Wie muss Schulalltag strukturiert sein, um die bahnbrechenden Erkenntnisse der modernen Hirnforschung zu nutzen und konkret umzusetzen?

Wie kann man in Bildungsinstitutionen die angeborene Lust auf Neues gezielt unterstützen, und welche Eckpfeiler müssen gesetzt werden, damit sich das junge lernende Gehirn in Gruppenprozessen sinnvoll verdrahtet?

Wie entstehen Werteraster und Gebrauchsmuster für lern-, lebens- und gemeinschaftsfördernde Denk- und Handlungsweisen?

Während das Grundlagenbuch „Optimal Lernen" all das wissenschaftlich beleuchtet, bietet dieser Leitfaden praktikable handfeste Konzepte, welche obige Fragen beantworten und Veränderungen konkret unterstützen.
Vorliegender Baukasten eignet sich als Grundlage für jegliche

Art von Bildungsplanung, für Konferenzen, Gespräche und Handlungsinitiativen von SchülerInnen, Eltern und Lehrkräften.

Schule heute steht vor gewaltigen, völlig neuen Anforderungen. Sie hat einen noch nie dagewesenen ordnenden und ethisch-menschlichen Auftrag.

Eine ungeheure Informations- und Datenflut, kombiniert mit gesteuerter medialer Macht, sowie unterschiedlichste Werthaltungen stürmen auf unsere jungen Menschen ein und bringen sie nicht selten an ihre Grenzen.

Um dem begegnen zu können, müssen Schüler und Schülerinnen deshalb wissen, wie die Grundmechanismen des Lebens funktionieren, wie sie selbst als Menschen angelegt sind, und wie ihr Gehirn so tickt.

Neben einer ressourcenorientierten Förderung brauchen Heranwachsende aber vor allem Vorbilder, tragfähige Beziehungen und Lehrkräfte, die kraftvolle, positive Spiegelmodelle verkörpern.

Junge Menschen müssen in Schulen mehr als bisher „Gemeinschaftsglück" erleben und eine solidarisch orientierte Grundausbildung bekommen, um sich in ihrem weiteren Leben auf das menschlich und gemeinschaftlich Beste aus einem „Alles ist machbar" fokussieren zu können.

Dahingehend hat Schule ihren zentralen Auftrag.

# 1. Süßes oder Saures?

## Schule - Potential und Istzustand

Schule kann das Leben ungemein bereichern. Sie ist der Ort, an dem man sich trifft, Freundschaften schließt und enge Bindungen aufbaut.

Enge soziale Bindungen sind mit das Beste für das Wohlbefinden des Menschen. Friedliche, unterstützende menschliche Beziehungen, die Sicherheit und Geborgenheit vermitteln, werden weltweit als Glücksfaktor Nummer eins genannt.

Schule bietet dann die Chance zu persönlichem und gemeinschaftlichem Glück, wenn sie Lernen und Handeln freiheitlich-demokratisch ausrichtet. Freiheit und Demokratie sind ausgesprochen zufriedenheitsfördernd.

Die Freiheit, über die Ausrichtung des eigenen Lebens- und Lernumfelds mitentscheiden zu können, macht stark und selbstbewusst.

Schule vermittelt Bildung. Es gibt nachgewiesenermaßen einen direkten Zusammenhang zwischen Bildung und Lebenszufriedenheit. Erlebte Bildung ist ein Glücks- und Zufriedenheitsfaktor, der durch das ganze Leben trägt.

Sinnvoll empfundenes Lernen, kombiniert mit kreativen und musischen Erfahrungen, wirkt biologisch wie ein Belohnungscocktail und vermittelt beste Gefühle.

Schule hat also einiges zu bieten.

Wie bei Schokolade kommt es aber darauf an, dass die richtigen Inhaltsstoffe verwendet werden und die Dosierung stimmt.

Ist das nicht der Fall, oder stopft man sich zu viel in sich hinein, wird einem schlecht, und man spürt noch lange die unangenehmen Auswirkungen.

Momentan trifft das beim „Produkt" Schule leider zu.

Die Zutaten stimmen nicht, Qualität und Zusammensetzung lassen zu wünschen übrig. Als eher billiger Massenartikel denn hochwertiges Erzeugnis macht sie niemals richtig satt und verursacht in vielen Fällen Bauchschmerzen.

Es ist tatsächlich kaum zu fassen: Wir sind die technisch fittesten Erdenbürger seit Menschengedenken, leben in einer der fortschrittlichsten Demokratien, lassen uns aber große Teile unserer schönsten Lebenszeit durch verkrustete Schul- und Lernstrukturen vermiesen. In unseren Bildungsanstalten bekommen wir die Daumenschrauben von Konkurrenz und Perfektionsgetriebenheit aufgezwungen, die uns dazu verführen, mitmenschliches Denken beiseite zu schieben.

Wie vor mehr als 70 Jahren ordnen wir uns immer noch stundenlangem Zwangssitzen und gnadenloser Auslese unter, und lassen es zu, dass junge Menschen in einem sich selbst pflegenden Machtapparat, dessen Ziele und Wertvorstellungen nicht in Frage gestellt werden dürfen, auf Noten abgerichtet werden wie Hunde auf die Futterglocke.

Die Note dominiert alles, den Schulalltag und das gesamte Familienleben. Viele Eltern bemerken zwar ihren eigenen Widerwillen gegenüber Schule, setzen aber oft noch selbst eins drauf, wenn sie ihre Sprösslinge unter Dauerzwang zu guten Noten bringen.

Wir haben derzeit ein quantitativ statt qualitativ gestaltetes Produkt „Schule", das sich mit seinen eigenen Zielen und Wertvorstellungen längst von der Wirklichkeit sinnvollen Lernens entfernt hat, und das komplett einseitig auf die beruflich-gesellschaftliche Eintrittskarte „gute Note" ausgerichtet ist.

Die Folge für SchülerInnen ist ein ausuferndes Leistungs-, Anspruchs- und Konkurrenzdenken. Man will zu den Gewinnern gehören und mobbt den anderen, wenn er einem in die Quere kommt.

Derzeit ist nicht viel los mit Glücksgefühlen in der Schule, mit Kreativität, Humor, Lebendigkeit und Erfindungslust.

Im Gegenteil: Viele Schülerinnen und Schüler leiden unter erdrückender, sinnlos empfundener Stofffülle, unter Gängelung und Freiheitsberaubung. Sie stehen oft täglich im Konkurrenzvergleich und somit unter der Gefahr von Abwertung und Ausgrenzung. Bedrohtes Ansehen in den Augen anderer führt aber nachgewiesenermaßen zu den schlimmsten Stressgefühlen, die es für den Menschen gibt. So lässt Schule momentan bei nicht wenigen jungen Menschen das Lebensfeuer zu Hoffnungslosigkeit und Leere schrumpfen.

Deshalb ist höchste Zeit, dass wir in unseren Bildungseinrichtungen etwas unternehmen und die inneren Flammen neu entfachen. Schülerinnen und Schüler brauchen im Lernalltag wieder das tragende Gefühl starker Lebenslust, sie benötigen das Selbstvertrauen und die Zuversicht, das Leben aus eigener Kraft anpacken und gestalten zu können.

Wie also können wir dahingehend neue Wege beschreiten?

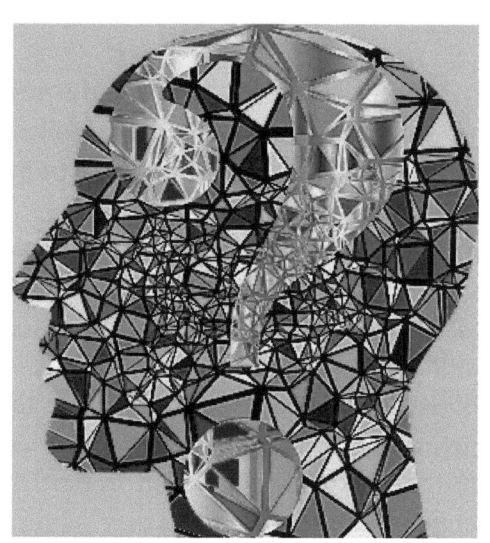

# 2. Das Gehirn bestimmt den Weg

**Wir sind ein „Körper-Fühl-Geist", dessen Hauptgehirnmasse für Bewegung reserviert ist.**

Früher fehlte einfach das konkrete lernpsychologische und physiologische Wissen über Gehirnvorgänge bei der Aufnahme und Abspeicherung von Informationen.

Heute jedoch ist das zugänglich. Schule täte gut daran, sich mehr als bisher beim Planen und Ausführen von Lerntätigkeiten an neurologischen Vorgängen im Gehirn zu orientieren. Es brächte viel, wenn sie die für ein effizientes Lernen notwendigen Leistungen des Hirnstamms und der sozial-emotionalen Regelkreise beachten würde.

Unser menschliches Gehirn besteht aus alten und neueren Hirnmodulen, aus Automatismen und willentlichen Steuerzentren.

Bildungsplaner sollten berücksichtigen, dass Menschen sich zumindest einigermaßen ausgeglichen und harmonisch fühlen müssen, um das limbische System im Zwischenhirn in einen Modus zu bringen, in dem es das Großhirn ansteuern kann.

Sie müssen die Gefühlsabhängigkeit des Hippocampus, der zentralen Schaltstelle unseres Gedächtnisses beachten.

Im Hippocampus werden ein Leben lang neue Nervenzellen gebildet. Diese sogenannten Ortszellen können nicht nur selbst Orte speichern, sondern verbinden sich mit Neuronenorten des Großhirns, in denen Erinnerungen abgespeichert werden. Lernen heißt Neurogenese von Ortszellen im limbischen System und deren Vernetzung mit dem Großhirn und dessen einzelnen Sinnesarealen.

Das bedeutet für den Schulalltag: Erst wenn der „Bewegungstiger" in uns gesättigt ist, erst wenn wir uns in sicheren Beziehungen geborgen fühlen, sind wir in der Lage, feine Unterschiede wahrzuehmen, vernünftig zu handeln und sinnvoll zu lernen.
Erst dann können Großhirn und Gedächtnis für Lerninformationen optimal angezapft werden.
Beachtet man das in Schulkonzepten, ist es möglich, die Schokoladenseiten von Schule hervorzulocken, Schule zu einem Ort zu machen, zu dem man gerne hingeht, an dem man sich willkommen fühlt und an dem man nicht ständig um Ansehen und Würde kämpfen muss.
Emotional-soziale Fähigkeiten, wie Einfühlungsvermögen und Fürsorglichkeit, gute kommunikative Fertigkeiten und die Beachtung des menschlichen Freiheits- und Bewegungsbedürfnisses werden so einen neuen Stellenwert bekommen.

Ein Hauptmaßstab für Schulen wird künftig die dort herrschende Qualität menschlicher Beziehungen sein. Denn sie schafft die Basis für fundierte, kreative Denkprozesse.

# 3. Mentale Verdrahtung

**Sinnhaftigkeit ist die effektivste Art und Weise, Spuren im Gehirn anzulegen.**

Junge Menschen möchten das, was sie lernen sollen, als sinnvoll empfinden. Sie fragen sich: „ Was hat das mit mir und meinem Leben zu tun?"
Verbale Präsentationen isolierter Faktenmengen entsprechen dieser Motivation nicht. So Gelerntes wird, wenn überhaupt, nur oberflächlich ins Gehirn eingelagert. Je motivational geprägter und verorteter mentale Repräsentationen sind, desto besser sind sie später verfügbar. Dann ist das möglich, was geistiges Experimentieren, Planen und Erfinden genannt wird.
Die wirkungsvollste methodische Art dabei ist die Kombination aus echter Tätigkeit und kognitivem Training.
Einzelfakten gehören, wann immer möglich, in stoffübergreifende Handlungsprojekte eingebaut, damit sie in einem echten Sinnzusammenhang stehen. Persönlich Erfahrenes, Erarbeitetes und Durchdachtes ist für ein Gehirn besonders einlagerungswürdig und für kreative Gedankenspiele abrufbar. Soll Lernen wirklich etwas bringen, muss man ein sinn- und handlungsanregendes Erfahrungsumfeld mit theoretischen Überlegungen kombinieren. Das ermöglicht vielfältige neuronale Verknüpfungen zwischen Hirnstamm, limbischem System, Klein- und Großhirn.

# 4. Bindung kommt vor Bildung

**Ein lernendes Gehirn braucht Sicherheit und Geborgenheit.**

Wenn man die Quellen der natürlichen, inneren Lernmotivation entdecken möchte, ist es ratsam, sich dem neuronal wirksamen Band der zwischenmenschlichen Bindung und den damit einhergehenden Spiegelprozessen zuzuwenden.
Dessen Qualität im Kindes- und Jugendalter bestimmt unsere grundsätzliche Lernhaltung, unser Selbstbild und die Fähigkeit zur Selbstkontrolle. Sichere Bindungen sind die Grundlage für eine gesunde Entwicklung der Nervenbahnen und Basis für ein gelingendes Leben schlechthin.

Unsichere Bindungen beeinträchtigen die Psyche.
Narzisstische, auch gewalttätige antisoziale Persönlichkeiten können nach neuesten Forschungen mit einer Funktionsstörung des Systems der Spiegelneuronen in Zusammenhang gebracht werden.
Menschen, deren Bindung primär durch mangelnde Feinfühligkeit, Unterordnung und Anpassung geprägt ist, leiden an einer Auflösung der eigenen Grenzen, aber auch an massiven Verlustängsten. Sie haben oft einen übersteigerten Wunsch nach Anerkennung und versuchen ständig, diese durch Leistung von außen zu bekommen.

Ein grundsätzliches Gefühl der Aufgehobenheit in tragenden Beziehungen bedingt neurologisch einen beruhigten Hirnstamm und schaffft dadurch die Möglichkeit der mentalen Feinsteuerung. Es bestimmt, wie konstruktiv wir mit uns selbst und anderen umgehen könnnen.

Aufgrund dieser Tatsachen ist es empfehlenswert, ein religionsübergreifendes Schulfach „Glück" einzuführen. Hier soll es darum gehen, Glück in allen möglichen Beziehungen zu erforschen, zu erfahren und auszudrücken, sowie kulturübergreifende Dimensionen wie das Erreichen von Umgänglichkeit, Sorgfalt, Offenheit und Wohlbefinden zu ergründen.
In diesem Fach kann ausprobiert, diskutiert, gespielt, getanzt und meditiert werden.
Hoffnungsvolles Leitbild dabei ist der grundsätzlich glückliche und warmherzige Mensch, der durch persönliches Erleben und gedankliche Kreativität gelernt hat, wie er geschickt mit Wut, Hass, Sorge und Angst umgehen kann, der sich soweit beherrschen kann, dass er auch im Konflikt die Bedürfnisse des anderen erkennt und wertschätzt, der aber auch selbstbewusst, in adäquatem Ton und Ausdruck, für seine eigenen Bedürfnisse einsteht und klare Grenzen setzt.

Konstruktiv gelöste Bedürfniskonflikte sind Chancen zu mehr Menschlichkeit, zu einem zufriedeneren Dasein.
Unser menschliches Gehirn ist von der Absicht und Zielentwicklung evolutionstechnisch dazu angelegt, den anderen zugewandt wahrzunehmen. Dann ist es auch offen für Neues.

# 5. Taktisch klug lernen

## ...bedeutet den Wert des Fehlers zu schätzen.

Forschungen zeigen mittlerweile eindeutig, dass es bei erfolgreichen Lehr- und Lernprozessen maßgeblich auf die innere Haltung gegenüber Fehlern ankommt.

Zielführend ist die Einstellung, dass Fehler grundsätzlich etwas Positives sind und den Erfahrungsschatz ungemein bereichern können.

Fehler im Lernprozess sind tatsächlich notwendige Stationen, um Zielformen herauszuarbeiten. Fehlversuche sind Strategieversuche, die Kehrtwendungen zum Besseren einleiten und so unbedingt zum Lernen gehören.

In einer lernklugen Haltung gibt es somit kein „richtig" und „falsch", maximal ein „günstig" und „ungünstig".

Wir müssen also wegkommen von unseren perfektionsgetriebenen Lernanstalten, die nur Druck und somit die unteren Gehirnregelkreise aktivieren. Konkret heißt das, das Gehirn Lehrender und Lernender war bisher nicht selten im Modus „Notbetrieb". In diesem kann man Dringendes nicht mehr von Wichtigem unterscheiden. Man sieht nur allgemeine Merkmale, wird unflexibel, verpasst die übergreifende Sinnorientierung, verliert das Auge für feine Unterschiede, Zwischentöne und mehrgleisige Handlungswege.

Die Folge ist ein Tunnelblick und das Denken in absoluten Kategorien von „richtig-falsch" oder „gut-schlecht". Der Begriff „Fehler" ist dann ein Synonym für „Versagen", er besitzt somit einen schambehafteten Beigeschmack und verletzt die persönliche Würde.

Unter solchen Aspekten will keine Lehrkraft zugeben, dass sie etwas nicht geschafft hat, sie will Vorgaben immer tadellos umsetzen, denkt aber auch, dass der „gute" Schüler, die „gute" Schülerin, i m m e r aufpassen, a l l e s verstehen und e i n h u n d e r t Prozent abliefern muss.

In so einem Ablauf als Lernender echt logisch-vernetztes Denken zu praktizieren, bei dem es um ruhiges, unterscheidendes und vergleichendes Abwägen von Inhalten geht, ist schwierig.

Deshalb ist es notwendig, Ziele und Fehler neu zu definieren. Die Idealvorstellung eines Zieles, einer Sache oder einer Handlung hat ihren Sinn als geistige Vorstellung oder Freude versprechendes Lockmittel, für das sich Anstrengungen und Fehlversuche lohnen. Nicht als belastendes Maß, das es unter allen Umständen zu erreichen gilt.

Junge Menschen müssen die Erfahrung machen dürfen, dass bisweilen etwas schiefgeht im Leben und auch beim Lernen. So merken sie, dass man trotzdem, oder gerade deswegen zukünftig besser klarkommen kann.

Lehrkräfte hingegen brauchen endlich die Einsicht, wie schädlich eine perfektionistische Fehlersensibilität für die Lernfreude und das Selbstbewusstsein ihrer Anvertrauten ist.

Aber sie brauchen auch selbst eine faire Behandlung ohne die Moralkeule „Fehler" und einengende Dienstvorschriften.

Nur ein freier Mensch, der seine eigenen Grenzen zu definieren wagt, ist ein gutes Vorbild und Spiegelmodell.

Schulbehörden und Schulaufsichten müssen also ebenfalls Abschied nehmen vom Absolutheitsanspruch. Das daraus herrührende Grundgefühl vieler Lehrkräfte, „nie gut genug zu sein und immer noch mehr leisten zu müssen", wird dann verschwinden.

Stabilität und Selbstbewusstsein bekommt eine Lehrkraft durch Vertrauen, Unterstützung und eine wohlwollende fachliche Begleitung.

Behörden müssen sich zukünftig intensiv damit auseinandersetzen, wie sie für starke Lehrende kluge Rahmenbedingungen bereitstellen können.

22

# 6. Demokratie -
## Grundlage für ein lernoptimiertes Gehirn

Demokratie ist, wenn zwei Wölfe und ein Schaf
entscheiden, was es zu essen gibt.

(Thomas Jefferson)

Will man Lernen optimieren, ist es sinnvoll, sich nähere
Gedanken über die Großfamilie „Mensch" zu machen. Wie
Wissenschaftler herausgefunden haben, stammen alle derzeit lebenden Menschen genetisch von einigen Tausend
afrikanischen Vorfahren ab. Wir Erdenbürger sind also tat-
sächliche eine große Weltfamilie. Alle Erscheinungsformen
der derzeitig auf der Erde lebenden Menschen sind nichts
anderes, als äußerliche Anpassungen an Lebensumstände.

Das bedeutet, dass jeder Mensch auf der Erde das gleiche
grundsätzliche Daseinsrecht, das gleiche Recht auf Sicherheit, Gemeinschaft und Glück hat, egal welcher Hautfarbe,
welchen Alters, welchen Geschlechts, ob dumm, intelligent,
weiblich, männlich, unattraktiv, schön.
Um in einer Gruppe, wie die der Gruppe „Erdmenschen", die
Ressourcen der Mitglieder zu nutzen und zu vervielfachen
sind sozialemotionale Fähigkeiten von entscheidender Bedeutung.
Die Achtung vor der/dem anderen, Wissen was in der/dem
anderen vor sich geht tragen, gerade unter Beachtung heu-

tiger Lebensumstände, mehr zum Überleben der menschlichen Spezies bei, als eine abstrakt-kognitive Intelligenz und körperliche Überlegenheit.

Hinsichtlich dieser Künste sind wir Erdenmenschen leider noch ziemlich in den Startlöchern.
Kaum fühlen wir uns in Gefahr, packen wir unsere Waffen aus und würden den anderen oft am liebsten niedermachen. Großhirn ad acta! Auge um Auge, Zahn um Zahn.

Die große Herausforderung „Wie bleibe ich angesichts einer meist subjektiv gespürten Bedrohung durch den anderen im Sozialmodus und damit auch im Großhirnmodus", müssen wir noch anpacken, wollen wir Erdenbürger unseren Planeten erhalten und dauerhaft zusammen glücklich werden.
Dafür jedoch scheint, nach allem was man bisher weiß, Demokratie die beste Gesellschaftsform.
Demokratie spricht den Menschen im sozialen Modus an und leistet somit den Großhirnfunktionen beste Dienste. Denn wer sich grundsätzlich achtet und miteinander redet, anstatt versucht, den anderen auszuschalten, hat sein Großhirn schon ziemlich gut angezapft.

In einem demokratischen Schulsystem gelten die rechtsstaatliche Verfassung und die Gewaltenteilung. Alle Beteiligten haben die gleichen Menschenrechte.
Man toleriert den anderen nicht nur, sondern betrachtet ihn auch als gleichberechtigt, was sich praktisch im entsprechenden sprachlichen Ausdruck, achtungsvoller Gestik und Mimik zeigt.

In diesem Bereich haben Schulen einen großen Nach-
holbedarf. Wissen ist das eine, die praktische Anwendung
das andere.
Dementsprechend brauchen alle Beteiligten unserer Lerninstitutionen Fortbildungskurse in Sachen „Demokratie".
Kurse für eine mitmenschlich zugewandte Art des Ausdrucks,
für faire Regeln, für einen guten Umgangston in Diskussionen
und Konflikten, für ein ethisch-human orientiertes Lernklima.

In demokratischen Lerninstitutionen, d.h. unter Lehrkräften,
SchülerInnen, Eltern und Behörden, muss es eine klare
Übereinkunft darüber geben, dass die Unterminierung
demokratischer Regeln und Gepflogenheiten Ausschluss oder
Schulung bedeutet. Keiner ist befugt, jemand anderem durch
gängelnde, angstmachende, manipulierende Reden oder
Handlungen seine Haltung aufzuzwingen.
Jede und jeder in einer demokratischen Lerneinrichtung
muss also die kommunikativen Fähigkeiten erwerben, aber
auch das Recht haben, seine Meinung, seine Gefühle und
Werte in höflicher Form auszudrücken.
Niemand soll Hohn, Spott und Verachtung oder der Angst
davor ausgesetzt sein.

Jede und Jeder hat auch das Recht „Nein" zu sagen,
das Recht, nicht von der Anerkennung anderer abhängig zu
sein und eigene Wege gehen zu können,
das Recht, Fehler zu machen,
das Recht, Fehler als Chance zu nutzen,
das Recht, zu sagen, dass er etwas nicht versteht,
Das Recht, sich nicht für die Probleme von Erwachsenen

verantwortlich fühlen zu müssen.

Jede und jeder hat das Recht auf körperliche und psychische Unversehrtheit.

Jede Demokratie lebt von gegenseitiger Wertschätzung aller Beteiligten, aber auch von der Wertschätzung des Freiheitlichen und Hoffnungsvollen dieser Gesellschaftsform.

Trotzdem müssen Demokraten aufpassen, dass ihre Toleranz gegenüber Andersdenkenden und -gläubigen nicht zu einer Demontierung ihrer eigenen Werte und somit zu einer Wegbereitung machtbesessener Autokraten führt.

Personen und Gemeinschaften, die eine Mann-Frau Gleichstellung missachten sind zutiefst undemokratisch und müssen sich entscheiden, zu welcher Seite sie gehören.

Praktizierte Gleichstellung und Wertschätzung in Wort, Ausdruck und Tat sind mit die offensichtlichsten Merkmale einer demokratischen Grundeinstellung.

In einer Demokratie haben alle Beteiligten Rechte, aber auch die Pflicht sich zu informieren.

SchülerInnen, LehrerInnen und Eltern haben also in einer Demokratie neben Schul- und Finanzbehörden ein anteilsmäßiges Mitspracherecht. Aber ebenso auch eine Beteiligungspflicht bei schulischen und bildungspolitischen Entscheidungen.

Lehrkräfte sind freiheitlich–demokratischen Grundlinien besonders verpflichtet und müssen aber auch selbst unter freiheitlich demokratischen Aspekten behandelt werden.

Gerade hinsichtlich ihrer zukünftig verstärkt notwendigen demokratischen Vorbildrolle dürfen Lehrkräfte nicht durch dienstpflichtige Anordnung zur Ausführung lerndestruktiver Vorgehensweisen verpflichtet werden.

Auch bei der Gestaltung des Lehrplans gibt es in einer demokratischen Lerninstitution ein Mitspracherecht von Lehrerkräften und Lernenden.

In verschiedenen Studien hat sich gezeigt, dass dies am besten umzusetzen ist, wenn die Eigenverantwortung der zugehörigen örtlichen Behörden, der SchulleiterInnen und Lehrkräfte gestärkt und die zentrale Schulaufsicht beschränkt wird. (Eines der Erfolgsrezepte nordischer Länder.)

Allerdings gelingt das nur, wenn dazu von behördlicher und politischer Seite Machtkompetenzen abgegeben werden.

So kann eine ganz neue, viel intensivere Identifikation mit der eigenen Lerninstitution entstehen, eine viel größere Bereitschaft zu Mitgestaltung und Mitarbeit, zu einem besseren Umgangsrahmen und achtungsvolleren Umgangsformen.

Dezentralisierung und Verantwortungsübertragung schaffen mehr Lebendigkeit, Gemeinschaft, Kreativität und Produktivität.

**28**

# 7. Zugewandte Kommunikation

**Reden ist Gold...**

Demokratie lebt von stark konstruktiv orientierten kommunikativen Fähigkeiten, von respektvollen Umgangsformen und dem Vermögen, Konflikte sprachlich intelligent zu regeln. Sie lebt vom Bestreben, Konfliktsituationen aus einem gewissen inneren Abstand betrachten zu können. Demokratisch verhandeln heißt, kreativ und humorvoll neue Wege miteinander zu finden und sich immer wieder großzügig zu verzeihen.

In einer Demokratie ist die Fähigkeit gefragt, sich mit Worten und Körpersignalen so auf das Gegenüber einzustimmen, dass man wenigstens ansatzweise etwas von dessen Bedürfnislage mitbekommt. Es ist aber genauso bedeutsam, im Dialog eigene Bedürfnisse klar wahrzunehmen, exakt zu benennen und selbstbewusst zu vertreten.

Unterschiedliche Thesen brauchen in Gesprächen und Diskussionen ihre wertfreien Räume. Wenig zielführend ist es, den Gesprächspartner wegen abweichender Meinung als Person in Frage zu stellen, herabzuwürdigen oder kleinzumachen.

Jeder Teilnehmende einer Kommunikation muss auch bei Streitgesprächen sein Gesicht wahren können, anonsten wird aus einem Dialog schnell eine Diskussionsschlacht, in der es nur um das Rechthaben geht.

Das gilt genauso für die reale Kommunikation wie für die Kommunikation in den sozialen Medien.

Jedem jungen Menschen sollte klar werden, dass, wenn man seine Bekannten oder Klassenkameraden ständig mit abfälligen Bezeichnungen anspricht, diese unterschwellig eine große Ladung Negativität abbekommen.

Worte wie „Versager, Opfer, Wi...." haben bisweilen die Kraft von Schwertern. Verbale Verletzungen werden im Gehirn wie körperliche Schläge verarbeitet und aktivieren die gleichen Schmerzzentren.

Im Internet ist es deshalb genau so wichtig wie in realen Gesprächssituationen, einen respektvollen Rahmen beizubehalten.

Die vielen Selbstmorde nach öffentlichen Beleidigungen zeugen von der zerstörenden Wirkung öffentlicher Häme.

Es gehört mit zum Schlimmsten für einen Menschen, vor der ganzen Welt bloßgestellt zu werden.

Also bedeutet das, auch in den Medien keine Beleidigungen, Schmähungen und falschen Tatsachenbehauptungen auszusprechen, sondern die Würde aller zu achten. Es ist ratsam, im Netz so mit anderen zu kommunizieren, als ob sie einem im echten Leben gegenübersitzen würden.

LehrerInnen und Eltern müssen sich informieren und regelmäßig über das austauschen, was in den Medien läuft. Sie dürfen nicht wegsehen und hoffen, dass schon irgendwie alles gutgehen wird bei ihrem Sprössling, denn der wird heutzutage dauerbombardiert mit Negativität.

Eine gute Kommunikationsfähigkeit ist Primärmedium für

eine erfolgreiche Lebensbewältigung und gehört als Hauptfach in alle Lerninstitutionen. Sie bedarf fortlaufender Übung in allen Jahrgangsstufen.

Ein guter Ton mit passendem Ausdruck in Worten, Mimik und Gestik ist Grundvoraussetzung für das Ringen um Einigungen. Er entsteht nicht in ein paar isolierten Unterrichtsstunden.

Bedürfnisse, wie etwa das nach Aufmerksamkeit, Aufrichtigkeit, Selbstbehauptung, eigenem Rhythmus, Selbstausdruck, Führung und aktivem Handeln müssen in vielen konkreten Situationen als solche gespürt werden, um sie klar mitteilen zu können.

Situationsgerechtes Wortschatz-, Satzbau- und Ausdruckstraining ist hier schulisch gefragt, praktisch angewandt in Form von Rollenspielen und Spontandialogen.

Hier zeigt sich die Überschneidung mit dem Fach „Glück".

Für eine gelingende, friedvolle Kommunikation gibt es mittlerweile gute Anleitungen, die sich weltweit bei größten Konflikten bewährt haben.

Viele Eltern, Erzieher und internationale Konfliktmanager praktizieren diese schon gewohnheitsmäßig und intensiv. Warum nicht auch öffentliche und private Lerninstitutionen?

# 8. Bewegungskompetenz schafft Lernbasis

**Unser Gehirn ist bewegungsdominiert. Körpererfahrungen liefern die Grundstruktur des Gehirns.**

Der Bewegunganteil des menschlichen Gehirns ist so groß, dass zwei Drittel unserer Hirnrinde dem Planen und Ausführen von Bewegungen dienen und das restliche Drittel für alles andere zuständig ist. Eine entsprechende körperliche Bewegungskompetenz und konkret erlebte Raumerfahrung ist die Voraussetzung für die Entfaltung aller Intelligenzdimensionen, für die Integration von Reflexen und Entwicklung der Muskeln.

Körperliche Bewegung, vor allem rhythmischer und koordinativer Art, ist in einer intelligenten Lerninstitution fest in den Stundenablauf eingebaut.
Erlaubt man SchülerInnen nicht, ihren Drang nach Bewegung auszuleben, wird diese Energie nach innen gerichtet, und der Grundstein für ein Versagen zellbiologischer Vorgänge, für Lernabfall und Motivationsverlust ist gelegt (siehe Optimal Lernen S. 180 ff).

Jungen entwickeln vor der Pubertät die Grobmotorik, danach sind sie erst für feinmotorische Ziele aufgeschlossen. Bei

Mädchen ist es umgekehrt. Alle Planung und Bewertung von Bewegung in den Schulen muss das berücksichtigen.
Die motorische Überkreuzentwicklung ist auch bei der Ein- und Ausführung von Schreibschrift zu beachten.

Die Ausprägung der individuellen motorischen Grundkompetenz korreliert mit dem Grad des mathematischen Verständnisses, mit der Sprech-, Sprach- und Denkfähigkeit. Unser ureigener menschlicher Körper liefert sozusagen die mentalen Grundstrukturen.
Bei höheren geistigen Leistungen gehen die Reize immer zuerst durch die von Primärerfahrungen angelegten Nervenbahnen. Die gute oder schlechte Lernbasis ist also stets, entweder positiv oder auch störend, beteiligt.
Versorgen wir deshalb das Gehirn mit Bewegungs- und Sinneserfahrungen der realen Welt! Legen wir stabile, ausbaufähige und belastbare Neuronen an.

# 9. Gehirnbooster Tanz

Ich würde nur an einen Gott glauben, der zu tanzen
verstünde.

Friedrich Wilhelm Nietzsche

Das Spiel mit Rhythmus, Dynamik und unvorhersehbaren
Elementen ist d a s Rezept gegen Starre und das oft institutionell bedingte Verhaften im Angst-Lähmungsreflex.
Tanz bringt verlorengegangenen Sauerstoff zurück ins Gehirn
und in den Körper. Er sorgt in biologisch passender Weise dafür, dass unser Herz die nötige Schlagzahl bekommt, mit der
geistige Anstrengung überhaupt möglich ist.
Ein erstarrter, durch stundenlanges Stillsitzen herzschlagmä-
ßig heruntergefahrener Körper, hat überhaupt nicht die Sau-
erstoffrate für seinen eigentlichen Auftrag, nämlich den zu
lernen, denn unter Stress und Starre sterben die so wichtgen
Ortszellen für unsere Gedächtniskompetenz.

Tanz erzeugt aber nicht nur bessere neuronale Reaktionen
auf gehörte Sprache. Tanz und rhythmische Bewegung führen
zu einem Ausgleich der Gehirnhälften. Tanz ist Gehirnbooster
neuronaler Netzwerke Nummer eins, da er Bewegung, Musik, Kunst, Rhythmus und Geometrie integriert und so perfekt

unserer menschlichen Konzeption als Körper-Geist-Fühlwesen entspricht.

Tanz sorgt grundlegend für emotionalen Ausgleich. Dass wir etwas als positiv oder negativ empfinden, liegt am empfundenen Spannungszustand der Muskulatur und des Gewebes. Dieser kommt durch rhythmische Bewegung ins Lot.

Tanzen bringt uns in den Mitfühlmodus, es lehrt uns ganz selbstverständlich das gegenseitige Aufeinandereinstellen und Einschwingen. Mit wem ich tanze, den mobbe ich nicht.

Würden Schülerinnen und Schüler aller Kulturen, gerade in den kleineren Pausen, regelmäßig miteinander tanzen, gäbe es zusammen viel mehr Spaß und somit weniger Aggressionen an unseren Schulen.

Man würde merken, dass das menschlich Verbindende weitaus größer ist als das kulturell oder religiös Trennende.

Nicht umsonst verbieten verblendete, gewaltdominierte Gruppierungen den Tanz, denn gemeinsame Freude in harmonischem Rhythmus erzeugt Gleichklang und innere Stärke.

Tanz und Sport verbinden Herkunft, Religion und Hautfarbe.

Nicht nur ein Slogan findiger Werbepropheten!

# 10. Buch und Bildschirm brauchen Handlung

**Zweidimensionales kann ohne dreidimensio-nanale Basis nicht ins Gehirn einlagert werden.**

Die effektivste Art, Spuren im Gehirn anzulegen ist, wenn junge Menschen das, was sie lernen sollen, für sich und ihr Leben als sinnvoll empfinden.

Einzelfakten gehören also, wenn immer möglich, in Gesamteinheiten und Projekte eingebaut, damit sie in einem echten Sinnzusammenhang stehen und somit für die Gehirne der Lernenden „einlagerungswürdig" sind.

Die effektivste geistige Verdrahtung dabei erfolgt über die Kombination aus echter Tätigkeit und kognitivem Training.

Dann entstehen die tragfähigen Spuren im Gehirn, die mentale Spiele und Gedankenexperimente erlauben.

Soll Lernen wirklich etwas bringen, muss man durch ein sinnes- und handlungsanregendes Erfahrungsumfeld vielfältige neuronale Verknüpfungen zwischen Hirnstamm, limbischem System, Kleinhirn und Großhirn ermöglichen.

Lernen durch verbale Erklärungen und zweidimensionale Bilder bei Klein- und Grundschulkindern schafft kein klar strukturiertes Gehirnfundament, auf dessen Muster aufgebaut werden kann.

Es macht keinen Sinn, Kinder vor einen zweidimensionalen Bildschirm zu setzen, wenn die konkreten Erfahrungen mit den Dingen nicht vorher körperlich dreidimensional erlebt wurden.

Besonders sichtbar ist dies in Mathematik und Geometrie. Fehlen dreidimensionale Raumerlebnisse und räumliche Begriffe wie „rechts, links, vorwärts, rückwärts, viel, wenig", gibt es schon Probleme bei einfachen mathematischen Vorgängen wie Addition, Subtraktion, Multiplikation und Division.

Deshalb bringt hier die Nachhilfe am Schreibtisch oder Bildschirm meist nur wenig. Räumlich orientierte, gefühlte Bewegung zur Erarbeitung der Raumbegriffe wäre die Lösung.

Es ist auch den mentalen Fähigkeiten junger Menschen nicht zuträglich, Schreibschrift zugunsten von Druckschrift oder Tastaturschreiben abzuschaffen. Nur weil sich einige, meist die Jungen, anfangs oft schwertun, ist es ein „nogo", diese Quelle rhythmischer Aktivität allen Schülerinnen und Schülern vorzuenthalten, anstatt sich mit den unterschiedlichen Lernfenstern der Geschlechter für feinmotorische Entwicklungsprozesse auseinanderzusetzen.

Schreibschrift ist Gedächtnis- und Denkmedium, Ausdruck unseres Wesens und unserer Persönlichkeit.

Was man mit der Hand schreibt bleibt besser im Gedächtnis. Es fördert die Bildung von Ortszellen im Gehirn, da es indviduelle Spuren hinterlässt. Rhythmische Schreibschrift

ist auch therapeutisches Medium zur Gestaltung und For-
mung der Persönlichkeit.
Durch das Ausüben rhythmisch schwingender schreibmo-
torischer Abläufe kann man entspannend und formend auf
den Charakter einwirken.

Die vorwiegende Konzentration auf Tastaturen ist zwar gut
für die profitorientierte Wirtschaft, ignoriert aber das
menschlich Sinnvolle gerade in Lern- und Erinnerungspro-
zessen.
Handschrift ist dauerhaft, ist ein so wichtiges Sicherungs-
system für den Ausfall flüchtiger elektromagnetischer Spuren.
Sich rasch irgendwo Notizen machen zu können, ist für ein
autonomes Leben wesentlich.

**40**

# 11. PAUSEN

## Gute Pausen – gutes Denken

Echte Pausen sind für unser Gehirn und seine Denkabläufe lebensnotwendig, damit es sich innerlich strukturieren, organisieren und die elektrisch–chemischen Speicherprozesse in Ruhe durchführen kann.

Denken ist anstrengend, verbraucht richtig viel Energie und benötigt dringend Phasen der Erholung und Regeneration.
Das weiß man heute. Nach anstrengenden Denkprozessen, in denen man um neue Einsichten ringt, ist man sehr befriedigt, aber auch erschöpft.
Lehrkräfte müssen im Schulalltag unbedingt darauf achten, ihren Schülerinnen und Schülern, aber auch sich selbst, echte Pausen zu gönnen.
Stundenlang angespannt vor einer Klasse zu stehen oder ohne Bewegungspause in der Schulbank zu sitzen führt zu einem körperlichen Spannungsmuster, das Fachleute mit dem Körperschema der Angst oder des passiven Selbstschutzes in Verbindung bringen.
Man kann mit Sicherheit annehmen, dass bei einer Gefahr für die psychische Sicherheit der Lehrkräfte und körperliche Bewegungsfreiheit der SchülerInnen die gesamte Motivation auf die Befriedigung dieses Bedürfnisses ausgerichtet ist und kein Platz mehr für Interesse und Neugier auf Lerninhalte

bleibt.

Für gute Lern-, Denk- und Spiegelprozesse braucht man aber einen entspannten, befriedeten Hirnstamm.

Kein vernünftiger Mensch würde sich nach einer Bergtour sofort wieder zu einem Dauerlauf aufmachen. Den Gehirnen von Lehrkräften und SchülerInnen wird eine Dauerbelastung zugemutet.

Wenn man junge Menschen pausenlos mit Wissen vollstopft, ist man auch nicht besser, als wenn man sie dauerhaft mit medialen Einflüssen belagert. Man macht sie zu willfährigen Gestalten, die gedankenlos auf Reize reagieren und sich fremdsteuern lassen. Manipulatoren machen weltweit von diesem Wissen Gebrauch.

Schaffen wir in unseren Schulen also einen möglichst angstfreien physiologischen Grundzustand aller, sowie eine humane, einem gesunden Biorhythmus entsprechende Zeitstruktur, die für eine gesunde Abwechslung zwischen Lernen, Entspannen und Bewegung sorgt.

# 12. Kunst – Musik – Stille

**Kunst, Musik und die Begegnung mit Sinnfragen des Lebens sind die Basis von Bildungsinstitutionen.**

Lachen, Singen, Tanzen und der Sinn für Schönes und Kreatives sind Zugpferd und Motor für Lernen.
Im Schulalltag geben sie Sinn, Halt und Struktur, sie schaffen verbindende Elemente zwischen Beteiligten jeglicher Herkunft, Religion und Hautfarbe.
Eine gute Verankerung aller in einer großen Lernfamilie ist ein natürlicher Verstärker jeder Art von Intelligenz und psychischer Widerstandskraft. Sie ist das Beste gegen Stress und Mobbing.

## Wir brauchen Kunst für die Neugestaltung der Erde.

Kunst ermöglicht freien Ausdruck, Phantasie und Kreativität. Sie fördert das Ausleben und Verarbeiten von Gefühlen, vertieft die Selbst- und Fremdwahrnehmung. Kunst ermöglicht einen ganzheitlichen Zugang zu der Räumlichkeit von

Dingen und zur Welt allgemein. Nicht umsonst ist Kunst-therapie so erfolgreich.

Kreativität und Fantasie sind wesentlich für eine ideen-reiche, zukunftsträchtige Neugestaltung unserer Erde. Wir brauchen sie für noch nie dagewesene Lösungen, um die großen Probleme der Welt in den Griff zu bekommen. So sagte schon Albert Einstein:

„Die Gabe der Fantasie bedeutet mir mehr als mein Talent, Wissen aufzunehmen".

## Musik heilt

Musik ist eine der höchsten Quellen der Freude. Im Gegen-satz zu anderen Quellen macht sie aber nicht süchtig.

In Hirnscans sieht man, dass Musik sich auf die primären und sekundären Hörareale auswirkt, welche im Zusammenhang mit Entspannung, Beruhigung und Steigerung von Aufmerk-samkeit stehen.

Musikwissenschaftler und Therapeuten des Deutschen Zen-trums für Musiktherapie DZM in Heidelberg experimentier-ten mit speziell komponierten Stücken, die intensive Klang-höhen und Tiefen auswiesen. Sie belegten, dass bestimmte Töne und Klänge zu stimmungsaufhellenden Hormonaus-schüttungen führen.

Musik wirkt über das autonome Nervensystem auf eine

Reihe körperlicher Funktionen. Musik kann so heilend sein, dass sie Beruhigungstabletten und Schmerzmittel ersetzt. Nicht umsonst singen Mütter ihre kleinen Kinder einfühlsam in den Schlaf.

Wissenschaftler wissen schon seit längerem, dass sich das Erlernen eines Instruments langfristig auf die Gehirnentwicklung von Kindern auswirkt. Wiederholtes Üben und Sich-verbessern fördern Konzentration und Selbstdisziplin.

Rhythmus und Takt sind grundlegende Faktoren für unser sprachliches Knowhow.

Das Grammatiklernen, das gute Sprachgefühl, egal ob für die Muttersprache oder für Fremdsprachen, hängt mit der Erfassung von Klangeinheiten, Melodiebögen und Rhythmusgestalten zusammen.

Leider weiß man das noch gar nicht so lange, und so hat man bisher Generationen junger Menschen mit viel zu mechanischen Grammatikdrills „gequält", anstatt Wert auf den entsprechenden Sprachrhythmus und rhythmische Bewegungserziehung zu legen.

Lehrplaner müssen endlich verstehen lernen, dass rhythmische Bewegung zu Musik die sprachlichen Fähigkeiten entscheidend verbessert. Also ran an die Instrumente, auf zu Musik und Tanz.

# Stille - Kunst des Lebens und des Lernens

Zu einem guten Lernalltag gehören Kunst, Musik, Tanz, Theater, aber auch die Möglichkeit zu Rückzug, Stille und Meditation.

Man hat herausgefunden, dass schon ein Bruchteil einer Menschenmenge, die sich in Meditation übt, reicht, um das gesamte Gewaltpotential derselben drastisch zu reduzieren.

Denn durch Atem- und Konzentrationstechniken kann der Mensch willentlich seinen Gefühlszustand beeinflussen.

Meditationsübungen in Schulen zeigen deshalb unglaubliche Wirkungen.

Diese sind, neben Wohlbefinden, Ausgeglichenheit und einem friedlicheren Miteinander, eine deutlich bessere Selbstkontrolle und Selbststeuerung, ein zuverlässigeres Gedächtnis und eine gesteigerte Lernfähigkeit.

Denn neben allen anderen positiven Eigenschaften für das Gehirn eines Menschen weist die Begegnung mit friedlichen meditativen Seinszuständen auf den Urgrund aller Existenz hin, schafft also zutiefst verbindende Erfahrungen, die jeder Mensch braucht.

Häufig kommen leider nur Eingangs- oder Prüfungsklassen in deren Genuss. Später fordern Stoffdruck oder Unruhe ihren Tribut. Eine zukunftsorientierte Lerninstitution kann ihren Schützlingen Stille als Kraftquelle nicht vorenthalten. Sie betrachtet Unfähigkeit zur Entspannung als Auftrag für Ursachenforschung und Förderung.

# 13. Das Talent bestimmt den Weg

**Jeder junge Mensch kann Experte werden.**

Jede Schülerin, jeder Schüler hat Talente in einem be-stimmten Bereich. Jeder Mensch mag etwas besonders ger-ne.

Jeder kann Experte werden, wenn er sich lange in einem Bereich ausprobiert, darin die verschiedensten Erfahrungen macht und individuell sinnvolle Maßstäbe entwickelt.

Praktisch fast alle jungen Menschen können zu hohen Leistungen in einem Gebiet kommen, wenn sie sich hin-sichtlich ihrer ganz persönlichen Begabung vor hohe Anforderungen an ihre Problemlösefähigkeit gestellt sehen, wenn ihnen Selbstverantwortung übertragen wird, wenn man sie planen und gestalten lässt und auf selbstständige Entdeckungsreisen schickt.

Ausnahmen scheinen, hinsichtlich einer Schwerpunktset-zung für ein bestimmtes Fachgebiet, oft die Feinsinnigen zu sein, denn sie interessieren sich für alles Mögliche.

Auch das macht Sinn. Es muss in jeder Kultur Menschen geben, die den Überblick über mehrere Gebiete bewahren und das Große und Ganze im Blick haben, wenn es um Entscheidungen geht.

Also sind solche Menschen auch Experten, Experten beim Bewahren des Überblicks. LehrerInnen täten gut darin, solcherart Begabte in ihrer speziellen Fähigkeit zu unterstützen und mit entsprechenden Aufgaben wie Diskussionsleitung, Überwachung des allgemeinen Wohlbefindens oder das Beschützen demokratischer Vorgänge in der Lerninstitution zu betreuen.

Experte in einem Gebiet zu sein ist ein Eckpfeiler persönlicher Selbstwirksamkeit.

Junge Menschen entwickeln Selbstbewusstsein, Eigeninitiative, Fachkompetenz, Verantwortungsgefühl, Problemlösefähigkeit und Selbständigkeit, wenn ihnen etwas zugetraut wird, und wenn sie als Fachleute in einem bestimmten Gebiet wirken können.

In einer Institution, die sich zum Ziel gesetzt hat, Lernende anhaltend zufrieden und glücklich zu machen, gibt es die Möglichkeit, Experte in einem Gebiet der persönlichen Wahl zu sein. Hier gibt es viele Gelegenheiten zum eigenverantwortlichen Tun, hier wird „Appetit" auf Wissenserfahrungen, auf Experimente und Projekte gemacht.

Lernende brauchen dazu einen wertungsfreien Raum, um ohne Gängelung Versuche mit Fort- und Rückschritten, mit Irrtümern und Fehlern machen zu können.

Eigenverantwortliches, experimentierendes, selbstgesteuertes Lernen und Denken braucht einen großen Platz im Schulalltag. Denn Lernfreude in Form des chemischen Cocktails Dopamin kommt dann auf, wenn man als Lernender Erkenntnisse aus einer eigeninitiativen Suche nach Sinn und Zusammenhang bekommt.

Eine solche Konzeption legt, im Gegensatz zum derzeit vorwiegend defizitorientierten, passiv-rezeptiven Aufnehmen

von Lernstoff, den Fokus auf echte persönlich sinnvolle Lern-
situationen.

Dann ist auch der eher bequeme Zeitgenosse zum Nach-
denken und zur Lernarbeit bereit.

Denken, Vergleichen, Kombinieren und Zurechtkommen mit
Zweideutigkeiten ist mentale Schwerstarbeit.

Gelingt es, wird man mit körpereigenen Hormonen belohnt,
die ganz ohne fremde Drogen Glücksgefühle, Selbstvertrauen
und ein Gefühl der Stärke erzeugen.

# 14. Talent braucht Beziehung

**Gute Bezugspersonen sind durch nichts zu ersetzen.**

Für gute Denkfähigkeiten braucht man gerade in den ersten Lebensjahren entsprechende Verbundenheitserfahrungen mit stabilen und zugewandten Bezugspersonen.
Nur in sicheren Bindungen wagen es Kinder, sich mutig Räume und somit auch mathematisch-geometrische Dimensionen zu erobern. Der enge Kontakt zum Gegenüber, begleitet von intensivem Dialog, erzeugt den Anreiz Fragen zu stellen, zu diskutieren und Begriffe herauszubilden.

Ist dieser Anreiz durch die Bezugsperson nur eingeschränkt vorhanden, kommen Kinder sprachlich, sozial oder emotional entwicklungsverzögert in die Grundschulen.
Diese haben dann den Auftrag, Entwicklungen anzustoßen, was nur möglich ist, wenn es vor Ort auch Fachkräfte mit dem nötigen Wissen gibt.
Viele Verhaltensrückstände können durch gezielte Beziehungsarbeit aufgeholt werden, aber diese sollte den betroffenen Eltern oder Lehrkräften von der Fachkraft auch ganz konkret in Wort und Tat gezeigt werden.

Hinsichtlich sprachlicher Kompetenzen muss in allen öffentlichen Lerninstitutionen gewährleistet sein, dass Kinder, die aus der Grundschule kommen, flüssig und sinnentnehmend lesen, sowie grammatikalisch richtige, komplexe Sätze sprechen und schreiben können. Einfache Hauptsätze genügen nicht, um die Welt genau zu erfassen. Dazu ist bei aber bei Lehrkräften die wissenschaftliche Kenntnis der Lese- und Schreibentwicklung erforderlich.

Darüber hinaus bedarf es einer neuen Sichtweise der Lerninhalte: Lesen und Schreiben muss für SchülerInnen mehr als bisher in einem persönlich sinnvollen kommunikativen Zusammenhang stehen.

Partnerbezogenes, kreatives Schreiben muss künftig einen ganz anderen Stellenwert bekommen. Die gute Rechtschreibung, die Fähigkeit, Erlebnisse und Verhältnisse ausdrücken zu können, ist, außer bei Teilleistungsschwächen, ein automatisches Nebenprodukt, wenn Lernende Spaß am Schreiben als kommunikativem Ausdruck haben.

Auch deshalb ist eine völlig neue Fehlerkultur in unseren Bildungsinstitutionen anzustreben, gerade in den Klassen des Übertritts. Die Kommunikationsfreude darf nicht durch „Fehlergängelei" bei der Korrektur zerstört werden.

Für die Vermittlung der Schriftsprachlichkeit ist die sichere Verankerung in der eigenen Muttersprache die beste Voraussetzung. Man hat dadurch ein intuitives Wissen über Laute und deren Unterscheidungen, über Lautgruppen, Satzbau und Grammatik.

Ist dieses intuitive Sprachwissen nicht vorhanden, braucht es therapeutisches Fachwissen, sowie Lese- und Schreiblehrgänge, die besonders die Sprechbewegungsempfindung berücksichtigen. Es braucht auch starke menschliche Bindungen, um anregende Sprachvorbilder zu erzeugen und die fehlenden Früherfahrungen aufzuholen.

Eine einzige Lehrkraft aber kann nicht die Funktion eines Unterrichtenden, eines Sprachheiltherapeuten, eines Pädiaters und eines Psychologen in sich vereinigen. Das bedeutet die Quadratur des Kreises und Scheitern auf breiter Spur.

Auch darf nie der Bezug zur Basis, zum Menschen als dialogorientiertem Handlungswesen verloren werden. Dies gilt besonders für den oft sehr abstrakt ausgerichteten Unterricht höherer Jahrgangsstufen.

# 15. Wie tickt der Mensch grundsätzlich?

## Psychologie und Pädagogik
**„Lebens-Werkzeuge" entstehen durch Erfahrung.**

Junge Menschen möchten wissen: „Wie funktioniere ich? Wie baue ich mein Leben auf, wie organisiere ich meinen Alltag?"
Sie fragen sich: „Wie werde ich sicher und selbstbewusst? Wie gewinne ich Freunde? Wie kann ich mich auf intelligente Weise an mein Umfeld anpassen oder dieses nach meinen Bedürfnissen verändern?"

Um Antworten geben zu können, müssen Lerninstitutionen konkrete Lerninhalte bieten und die Sammlung praktischer Erfahrungen ermöglichen. Hierzu gehört auch die Auseinandersetzung darüber, wie der Mensch grundsätzlich tickt, wo Fortschritte in der menschlichen Entwicklung sichtbar sind und wann der Mensch extrem reagiert.
Junge Menschen müssen wissen, wie es psychologisch und gesellschaftlich zu Ausgrenzung, Gewalt, Unterdrückung und Extremismus kommen kann, welche Mechanismen es gibt, die Menschen zu Unterdrückern und Mördern machen.

Junge Persönlichkeiten fragen sich: „Wie erkenne ich Sozio-
pathen und Perfektionisten? Wie gehe ich mit ihnen im Alltag
um? Wie entziehe ich mich der Faszination charismatischer
Dogmatiker?

Wie kommt es zu Extremismus, zu Manipulation durch Geld
und vermeintliche religiöse Heilsbringer?

Wer sind die Heilsbringer, die gesundheitlich und psychisch
angeschlagenen jungen Menschen Hilfsangebote machen
und durch psychologische Manipulation Abhängigkeiten erzeugen?

Wie erkenne ich, dass ich jemandem trauen kann?

Wie unterscheide ich Wichtigtuer von Menschen mit ethisch
guten Absichten?

Wie entwickle ich eine gute Intuition, die mich vor manipulativen Mechanismen durch die modernen Medien warnt?

Wie informiere ich mich über Hintergründe und Zusammenhänge und lasse mich nicht von Panikmache, Hysterie
und Schwarz- Weißparolen anstecken?


Was mache ich ganz praktisch bei körperlicher, psychischer
und verbaler Bedrohung?

Wie schaffe ich mir Verbündete, Freunde, Gleichgesinnte?

Wie verhalte ich mich, wenn meine vertraute Gruppe einem
Blender auf den Leim geht ?

Wie ziehe ich sozialverträglich Grenzen?

Welche Kommunikationsmuster gibt es für Konfliktsituationen? Wie kontere ich Abwertung durch perfektionistische Eltern, Lehrer, Firmenchefs?

Wie komme ich mit schweren Phasen im Leben zurecht?

Wie halte ich Tiefs und Langeweile aus?

Was macht mich stark, lädt mich auf, macht mir den Geist frei, stimmt mich positiver?
Wo suche ich mir bei Scheidung der Eltern, Drogen, Mobbing, Gewalt im näheren und weiteren Umfeld Rat und Hilfe ?
Wie finde ich Menschen, die mich wirklich unterstützen?"

Vernünftige mentale und reelle „Lebens-Werkzeuge" sowie eine stabile innere Haltung, entstehen nicht durch Belehrung.
Lernende brauchen die praktische Erfahrung, wie das Leben auch in seinen negativen Schattierungen funktioniert.
Sie brauchen in einem geschützten Rahmen Erlebnisse mit menschlichen Abgründen, mit Abgründen der Familie, Clique und Gesellschaft, mit dem Unmenschlichen.
Junge Menschen müssen das Unmenschliche einmal selbst gespürt haben, um für das Menschliche einstehen zu können.
Dafür eignen sich Planspiele, Rollenspiele, Theaterworkhops, Praktika und begleitete Realbegegnungen.
Was man selbst erlebt hat, versteht man auch bei anderen.

Grundsätzlich aber ist es wichtig, dass bei allen Begegnungen mit der rauen Wirklichkeit eines nie zu vergessen ist:
Die Wärmflasche mit guten Gefühlen durch Schönes und Unterstützendes muss voll sein um den harten Eisbrocken des Lebens etwas entgegenhalten zu können.

# 16. Life skills in der Computerwelt

## Vom Datenüberfluss zum Datenumgang

„Wie eigne ich mir Computerwissen und einen guten Umgang mit den modernen Medien an? Wie schütze ich meine Daten, meine Würde und meine Persönlichkeit im Netz?
Wie verhalte ich mich als Youtuber, Youngdater, Facebooker etc. ?
Was sind Persönlichkeitsrechte und Nutzungsrechte für fremde Inhalte? Wie funktionieren Widerrufserklärungen?
Warum stehe ich so auf Verbundenheit im Netz? Wo bin ich über meine Bedürfnisse leicht manipulierbar? Wie geht Meinungsbildung in den modernen Medien, wie entstehen Meinungsblasen? Wie entkomme ich der Algorithmenfalle? Wie gehe ich mit Cyberbashing um?"
So etwas möchten junge Menschen wissen.

Für die Planer von Lerninhalten gilt, sich nüchtern die Frage zu beantworten, in welchen Bereichen das Netz tatsächlich zu mehr Wissen führt.
Viele „moderne" PädagogInnen vergessen, dass trotz des oft unkritischen Medienhypes in unseren Lerninstitutionen mehr als je zuvor solide fachwissenschaftliche Arbeit mit Hintergrundliteratur notwendig ist. Für die Entwicklung neuronaler Grundlagen einer soliden Geistesarbeit und Hirntätigkeit ist das Hinzuziehen und Hinterlesen von Quellen,

das Arbeiten mit realen Büchern und herausstechenden handschriftlichen Notizen wesentlich.

Studien zeigen: Computerarbeit schult die abstrakt formhafte Intelligenz, stellt rasch, emotional neutral und auf breiter Basis Wissensfakten bereit, diese vielfach aber in „Einzelpaketen".

Sie ist aber eher von Nachteil, wenn es um mentale Stärke und tiefe Konzentration, um das tiefe Durchdenken von Dingen, um sprachliches Arbeiten, um mentale Experimente mit Vorstellungen, um das Beleuchten von Sachverhalten aus verschiedenen Blickwinkeln geht.

Mental dauerhafte Prozesse brauchen Ungestörtheit und eine gewisse Tiefe. Sie müssen zwischendurch in Ruhe gelassen werden. So funktioniert eben der elektrisch-chemische Aufbau neuronaler Netze. Computerberieselung stört diese Prozesse. Aber nicht nur das. Unser Gehirn braucht beim Einbau von Fakten die Illusion der Notwendigkeit des Merkens.

Schon allein der Gedanke, dass man einen momentan zu lernenden Begriff jederzeit im Internet nachschauen kann, stört den neurologischen Einlagerungsprozess erheblich.

Ein weitere Problematik der Computerarbeit ist die schwierigere Verortung von Lernstoff. Für die Neubildung von Gedächtnisnervenzellen im Hippocampus und deren Verknüpfung mit dem Großhirn ist eine gute Verankerung mit ortsbezogenen Bildern von Vorteil. Das ist in einer realen Umwelt, in einem Buch, welches eine greifbares Vorne, Hinten, Oben, Unten und eine bestimmbare Mitte hat, besser gegeben als in der nicht greifbaren Tiefe des Internets.

Will man sein Gedächtnis stabilisieren, tut man also gut daran, mit realen Lern- und Wissensorten zu arbeiten.

Lerninstitutionen sind deshalb gut beraten, sich nicht unüberlegt vom Medienhype vereinnahmen zu lassen. Denn Verortungen durch reale Sinneserfahrungen bilden die Gehirne und Gedächtnisse von jungen Menschen, und diese können als solche eben schlecht in Form zweidimensionaler, nicht-haptischer Eindrücke gelernt werden.

Lerninstitutionen haben bisweilen die Last des „altmodischen Buhmanns" zu übernehmen geht es um Lerntätigkeiten, welche die Gehirnleistung junger Menschen unterstützen.

So hat das Auswendiglernen von Gedichten, das Einüben von Rechenfertigkeiten, von Schriftzeichen, Worten und Ausdrücken absolut seinen Sinn.

Lehrkräfte müssen ihren SchülerInnen wieder zumuten, gut Eingeübtes zu präsentieren. Grundlagen wie das Einmaleins, wie Plus- und Minus-, Prozent- und Überschlagsrechnungen braucht man als Erwachsener. Sind Lehrkräfte zu nachgiebig, oder legen sie zu wenig Wert auf den unmittelbar möglichen Abruf solcher Grundfertigkeiten aus dem Gedächtnis, haben Menschen ein Leben lang Probleme.

Keine verantwortungsbewusste Lehrkraft erzieht manipulierbare Erwachsene, die ohne Computerhilfe gedanklich völlig hilflos sind, sondern selbstbewusste, handlungsbereite junge Menschen, die in jeder Lage fähig sind, etwas schnell zu überschlagen und vorgelegte Zahlen kritisch zu reflektieren.

Damit das gelingt, gehört allerdings die praktische Anwendung dazu. Diese kann beispielsweise in Form von Einkäufen täglicher Lebens- und Luxusmittel, von Anschaffungen für den Klassenhaushalt oder von Mitarbeit bei persönlich oder schulisch bedeutsamen Vertragsabschlüssen erfolgen.

# 17. Individuelle Rückmeldung

**Die Ziffernote genügt nicht. Lernende brauchen die persönliche Rückmeldung über Lernfortschritte.**

Spricht man mit Schülerinnen und Schülern, hätten diese meist schon gerne eine externe Rückmeldung über ihren Leistungsstand, aber sie möchten nicht, dass man bei der Leistungsbeurteilung über ihre Köpfe hinweg diskutiert.

Sie wollen eine individuelle, sachliche Rückmeldung im Sinne einer Vorher-Nachher Bilanz. Nicht im Sinne eines subjektiv wertenden Kommentars oder Vergleichs mit den Besseren und Besten!

Zwar ist eine Durchschnittsermittlung mit anderen Schülern, Klassen und Ländern auch manchmal wichtig. Aber es wäre gut, wenn man als SchülerIn bei diesen Leistungsmessungen angehört wird.

Wenn man sich bei etwas sehr schwer tut, ist es ein Unsinn, dauernd kontrolliert oder mit Vergleichsnoten beurteilt zu werden. Dann bekommt man bloß mehr Widerwillen und fühlt sich noch unzulänglicher.

Jeder Mensch hat sein individuelles Lerntempo. Der eine lernt eben schneller, der andere braucht länger. Was nicht immer heißt, dass der Langsamere der Dümmere ist.

Vielleicht lernt er einfach nur anders, denkt beispielsweise mehr vom Gesamtzusammenhang her und braucht deshalb andere Grundlagen.

Manch einer oder eine hat auch durch irgendwelche Umstände keine Grundkenntnisse in einem Bereich. Das ist zum Beispiel bei Mädchen in technischen und mathematisch-naturwissenschaftlichen Fächern öfter der Fall. Mädchen sind häufig durch ihre Sozialisation nicht ans Hantieren mit Dingen gewöhnt und haben so automatisch weniger Raumerfahrungen.

Deshalb stellen sie sich vordergründig oft ungeschickt an und werden leicht Opfer von Gelächter, wenn es um praktisch-technische Handgriffe geht.

# 18. Stärken stärken

**Der persönliche Talentbereich beflügelt zum vertieften Lernen.**

Betrachtet man Lernen unter dem Aspekt des Expertentums, nimmt man zusätzlichen Übungen die Schwere. Sie sind dann Mittel zum Festigen von Lernstoff, zum Erlernen von Selbststeuerung, Selbstdisziplin und Selbstverantwortlichkeit.
So haben sie Bezug zu etwas Positivem.
SchülerInnen sind dann bereit zusätzliche Übungen zum Unterricht zu machen, wenn sie einen persönlichen Vorteil durch den jeweils zu lernenden Stoff ausmachen können, wenn sie durch Anwendung von Lernkurven verstehen, dass Wiederholungen zur Festigung von Gelerntem sinnvoll sind.

Die Notwendigkeit von Zusatzaufgaben ist sehr einleuchtend beim Unterrichten durch „Pairing", d.h. wenn Lernende zukünftige Themen vorbereiten, die sie als Lehrende anderen vermitteln. Auf diese Weise lernt man sowohl bei der Vorbereitung als auch bei der Präsentation. Der Lernprozess ist somit sehr tiefgründig, da man mit der Inhaltswiedergabe eine didaktische Absicht verbindet und zu eigenen klaren Gedanken, zu genauen Formulierungen, zu emotionalem und sozialem Austausch veranlasst wird.

66

# 19. Lernfenster beachten

## Jungen und Mädchen lernen verschieden.

Ab einem gewissen Alter ist eine Trennung von Mädchen und Jungen bisweilen von Vorteil. Hierzu gibt es eine Reihe von Studien.
Den unterschiedlichen Lernfenstern der Geschlechter bei der Entwicklung von Fein- und Grobmotorik, dem mehr sprachlichen Vorsprung der Mädchen und der mehr räumlich-hantierenden Sozialisierung der Jungen kann dadurch besser Rechnung getragen werden.

In der Pubertät ziehen sich Mädchen in gemischten Gruppen bei den testosterongesteuerten Kommentaren mancher Jungen schnell zurück. Einige davon packen auch, kulturell bedingt, in der Pubertät ein überaus dominantes und oft rücksichtsloses Machogehabe aus. Da ist dann nicht mehr viel Platz für feine, leise und empfindsame Töne der Mädchen.
Für sie sind deshalb nicht selten Räume von Vorteil, in denen sie sich ausprobieren können, ohne gleich irgendwelchem Gespött der Jungen preisgegeben zu sein. Das gilt besonders für die naturwissenschaftlich- technischen Fächer.
Um wirklich selbstbewusste Persönlichkeiten zu werden, müssen Mädchen lernen, ihr eigenes Leben nicht ausschließlich beziehungsorientiert zu leben und sich nicht zu sehr den

Normen der Gruppe, der Umgebung oder Gesellschaft anzupassen.

Mädchen müssen außerdem darauf achten, sich im Zuge des Heranwachsens nicht in eine medial ferngesteuerte, wirtschaftlich gesehen gewinnbringende, kokettierende Puppe zu verwandeln, sondern ihr eigenes Ding zu machen.

Junge Männer müssen ihrerseits lernen, jahrhundertealte Rollenklischees zu reflektieren, die ihre Persönlichkeit auf Macht und Kampf reduzieren.

Um in der Pubertät ihre Identität entwickeln zu können, brauchen sie deshalb starke, selbstsichere Bindungspersonen. Sie brauchen keine kopflastigen Wissensvermittler, sondern vertrauenswürdige Lehrer, die sich der ganzen Palette ihrer Männlichkeit bewusst sind.

Pubertierende Jungs müssen sich im entsprechenden Rahmen ausprobieren und ausleben dürfen, um später ihre Impulse kanalisieren zu können.

Denn hinsichtlich ihres zukünftigen Lebens und ihrer Partnerbeziehungen ist es für sie wichtiger, sich sprachlich konstruktiv auseinandersetzen, als dominant mit der Faust auf den Tisch schlagen zu können.

# 20. Lernräume

**Eine gute Raumgestaltung steigert die Lernleistung.**

Jeder Mensch lernt besser in einem Raum, in dem er sich wohlfühlt.
Viele Firmen wissen, dass sich die Lern- und Arbeitsleistung ihrer Mitarbeiter durch entsprechende Raumgestaltung um ein Fünftel steigern lässt.
Also bemühen sie sich entsprechend, um in ihren Arbeitsräumen eine angenehme Atmosphäre zu schaffen.
Lernende junge Menschen sperrt man jedoch stundenlang, oftmals bei künstlichem Licht, in seelenlose Betonklötze, die ganz bestimmt nicht lernproduktiv sind.
So wenig lernproduktiv, dass moderne Arbeitspsychologen mittlerweile bei Fortbildungsräumen darauf achten, dass sie auf keinen Fall dem klassischen Klassenzimmerbild ähneln, da sie beim Betreten sonst sofortige Abneigung erzeugen würden. Das sollte allen, die Schule planen, zu denken geben.

Wie also sieht eine Schule aus, in die man gerne geht, in der man Lust zu lernen hat und in der sich eine gute Lernumgebung arrangieren lässt?
Wenn man sich SchülerInnenwünsche, wissenschaftliche Erkenntnisse und preisgekrönte lerneffektive Schulen ansieht, zeichnen sich Gemeinsamkeiten ab:

# Das körpergerechte Lernrevier

## Unser Hirnstamm braucht Raum.

SchülerInnen und Lehrkräfte brauchen größere Räume und größere Arbeitsplätze als bisher.

Wer kennt sie nicht, die abstoßend wirkenden, typisch rechteckig-normgemäß gebauten Unterrichtsräume. An drei Seiten geschlossen, mit einer langen Fensterreihe auf der linken Seite und mit kaltem Licht aus Leuchtstoffröhren von oben. Vorne meist ein kleines Pult und eine Tafel oder Whiteboard, an der Seite ein Waschbecken, ein Overheadprojektor und vielleicht ein PC.

Die Konzeption entstammt dem vorigen Jahrhundert.

Genauso klein wie das Pult sind bisher oft die Tische und Bänke. Der Schüler hat sozusagen den gleichen persönlichen Raum wie eine Legehenne in Massentierhaltung.

Vergleicht man die entsprechenden Maße, ist das tatsächlich so.

Die offiziellen zwei Quadratmeter inklusive Tisch und Stuhl reduzieren sich in der Praxis zudem noch meist auf die Hälfte. Ungehindert die Ellbogen ausstrecken geht nicht. Und das viele Stunden lang am Stück! Wie im Flieger oder im Hühnerstall!

Bloß dürfen Fluggast und Huhn noch meckern. Das Huhn hat in der Regel sogar eine starke Tierschutzgemeinde hinter sich, die sich für seine artgerechte Unterbringung einsetzt.

Will sich Schule als Ort sinnvollen Lernens betrachten, muss für alle ein körpergerechter Arbeitsplatz vorhanden sein.

Körpergerecht heißt, dass ein entspanntes und aufrechtes Sitzen möglich ist.

Ein Sitzplatz muss so groß sein, dass er genügend Abstand, also mindestens 45 cm zum Nachbarn erlaubt. Ansonsten schalten die Sicherheitsregelkreise auf Revierbedrohung und gute geistige Arbeit ist nicht mehr richtig möglich. Denn unterbewusst richtet sich bei zu viel Enge die Hauptaufmerksamkeit auf die Abwehr von Gefahr.

In unseren Schulen sollte es außer passenden Stühlen und Bänken auch Lesestützen für Bücher geben, damit der Körper nicht gebeugt und die Augen nicht geschädigt werden.

Allerdings helfen die besten Sitzmöbel dem hoffungsvollen Sprössling auch nicht viel, wenn er in seiner Freizeit stundenlang mit gebeugtem Nacken auf kleine Handydisplays schaut, mit eng angelegten Armen, eingezogenen Schultern und nach innen gedrehten Handrücken kleine Tastaturen bedient und sich so ein Stress- /Angstmuster geradezu in den Körper eingraviert.

Auch jede Lehrkraft braucht ein eigenes, einer Führungskraft entsprechendes Revier, denn sie muss nicht nur funktionell sondern auch optisch mit Hausmacht ausgestattet sein. Ihr Pult sollte entsprechend groß sein, mit genügend Platz für Lernmaterialien und Präsentationsmedien.

In einer Schule, die sich wirklich dem Lernen und geistiger Aktivität verschrieben hat, muss genügend  Raum da sein, um Einzelarbeit, Projekt- und Gruppenarbeit in freierem Rahmen als im 45 Minuten-Takt abzuhalten.

Lehrkräfte können nur so vielfältige Lernprozesse anregen. Sie sind dann oft mehr Lernorganisatoren und Lernbegleiter als Frontalunterrichtende und können somit auch dem effektiven Pairing, der Methode, dass SchülerInnen als Lehrende agieren, Raum geben.

Will man wirklich lerngerechte Räume, muss es für Zusammenkunft, Bewegung und Tanz Platz geben, ohne dass Bänke zusammengeschoben und Stühle über dem Kopf transportiert werden. So kann wertvolle Unterrichtszeit eingespart werden.

# Licht, Farbe, schöne Materialien

## Mitplanen schafft starke Lerneffekte.

Junge Menschen möchten für ihre Lernumgebung Räume und Materialien, die ihnen eine angenehme Atmosphäre und Wohlbefinden vermitteln.
Sie bevorzugen beruhigende, warme Farben und Naturmaterialien wie Holz und Kork.
Sie wollen sich in ihren Lernräumen sicher und geborgen fühlen und brauchen deshalb Nischen mit Sichtschutz und Rückzugsmöglichkeiten.
Pflanzen gehören auf alle Fälle dazu. Liebevoll eingerichtete Räume mit Pflanzen senken das Aggressionspotenzial und wirken gegen Ermüdungserscheinungen.

SchülerInnen sind gerne bei Schul- und Raumplanungen dabei. Sie wollen bauliche Modelle mit entwerfen, bei der Materialauswahl beteiligt sein und auch bei Finanzierungskonzepten altersentsprechend mitarbeiten.
Das erzeugt starke Lerneffekte in allen Bereichen und Fächern. Man erfährt sozusagen am eigenen Leib, wie wichtig geometrisches, mathematisches, kaufmännisches und gestalterisches Wissen im Alltag ist und legt so die zentralen Basisverknüpfungen im Gehirn, auf die man dann ein Leben lang zurückgreifen kann.

# Platz, Schutz und Sicherheit

## Unumstößliche Grundbedürfnisse

Wenn man in unpassenden Möbeln lange Zeit nach vorne gebeugt sitzt, verkürzt und verspannt sich die Muskulatur dauerhaft.

Ein gebeugter Kopf verstärkt das Ganze. Ist der Blick starr auf eine bestimmte Entfernung nach unten fixiert, verlieren die feinen Augenmuskeln ihre Anpassungsfähigkeit. Der Körper speichert in dieser Haltung das Muster „Niedergeschlagenheit, Enge, Einschränkung".

Ist das häufig der Fall, kommt es im Körper zu Bindegewebsanpassungen an die unphysiologische Sitzhaltung, und es entsteht ein depressives Grundgefühl.

Bei Kindern und Jugendlichen ist das derzeit weit verbreitet. Meist wissen sie selbst nicht, warum sie „so schlecht drauf sind" und suchen daher nicht selten den Ausweg bei Pillen zur Leistungssteigerung bzw. Stimmungsaufhellung.

Lerninstitutionen müssen alles unternehmen, um die jungen Körper wieder zurück in ihre natürliche Haltung zu bringen.

Grundlagen für neurologisch optimiertes Lernen sind genügend Platz, Schutz und Sicherheit.

Sicherheit sollte in jeder Schule an erster Stelle stehen.

Ein sicheres Zimmer hat eine kleine, angenehme, mit anderen Lernenden und Lehrkräften abgestimmte, überschaubare Zahl.

Ein sicherer Ort ist ein freundlicher Ort, der allen genügend Platz bietet. Ansonsten ist schnell Revierverteidigen angesagt, und dann ist Schluss mit Großhirneinsatz und sozialadäquater Kommunikation. Wenn der Körper auf einem Stuhl zusammengepresst vor sich hinvegetieren muss, kann es gut sein, dass innerlich ein Bedürfnis des „Um-sich-schlagen-Müssens" entsteht, um Raum zu schaffen. Dann sind einem die Regeln eines guten Miteinanders schnell egal.

Schulleiter, Lehrkräfte und Eltern müssen für die Sicherheit der ihnen Anvertrauten einstehen und klare, entschiedene Grenzen für einen guten Umgang aller setzen.
Im gesamten Schulgebäude und auf dem Schulweg muss Nulltoleranz bei körperlicher und verbaler Bedrohung herrschen.
Schutz kann in der Klasse, in den Pausen und auf dem Schulhof auch durch ältere Mitschüler und Tutoren erfolgen.
„Fertigmachen" durch eine Gruppe, seien es Ältere, Stärkere, oder einfach irgendwelche zufälligen Mehrheiten, ist ein absolutes No-go.
Gewaltbereite SchülerInnen dürfen nicht in den Unterricht! Sie brauchen Beratung und Konfliktmanagement.
LehrerInnen und SchülerInnen überprüfen sich in einer modernen bindungsorientierten Lerninstitution regelmäßig und freiwillig auf ihre emotionalen Kräfte und Ressourcen.
Für beide gibt es unterstützende Maßnahmen, um leere Tanks wieder aufzufüllen.

Ebenso wichtig ist bei den jungen Menschen die Möglichkeit zur Aggressionsabfuhr. Es muss unbedingt klar definierte

Auszeiten und unkontrollierte Freiräume geben, in denen sich SchülerInnen austoben und ausprobieren können, natürlich ohne jemanden zu verletzen und ohne jemandem zu schaden.

Junge Menschen müssen die laute und unangepasste Seite in sich kennenlernen dürfen und Gelegenheit bekommen, aufgestaute Energien loszuwerden.

Darüber hinaus es sollte in allen Bildungseinrichtungen auch Platz zum Träumen, zum sich Gehenlassen und Selbstfinden geben. Räume, die frei sind von Störungen und Unterbrechungen. Seien es menschliche oder mediale.

# 21. Geistige Anstrengung braucht Energie

**Es gibt Essen, das intelligent macht.**

Möchte man sein Lernpotential steigern, ist es ratsam auf die Ernährung zu achten. Man kann durch bestimmte Lebensmittel nicht nur eine bessere Merkfähigkeit zu sich nehmen, sondern auch gute Laune und Wohlbefinden - genauso aber Frust und Abgeschlafftsein.

Unser Fühlen, Denken und Handeln, unser inneres Kraftbild wird zu einem nicht geringen Teil von Stoffen beeinflusst, die sich der Körper aus den Nahrungsmitteln holt. Von Signalen, die das Verdauungssystem über Nervenimpulse an die Insula, das Gehirnzentrum für unser Selbstbild weiterleitet.

Gute Nahrungsmittel müssen deshalb im Schulalltag verfügbar und bezahlbar sein.

Lernende Menschen brauchen jedoch auch ein Gefühl für den eigenen Körper und Wissen über Stoffwechselvorgänge bzw. Nahrungsmittelzusätze, um das Beste für sich herausholen zu können.

Normalerweise weiß der Körper selbst, was ihm fehlt. Er meldet sich durch Hungergefühle und die Lust auf etwas Bestimmtes, sei dies salzig, süß, sauer oder bitter.

Dazu ist es wichtig, in den Körper hineinzuspüren, Hunger- oder Durstgefühle als willkommene Körpersignale verstehen zu lernen, zu beobachten, wie diese sich genau anfühlen und auf Stimmung, Lern- und Leistungsfähigkeit auswirken.

Es ist notwendig, das eventuell Unangenehme daran auch eine Weile aushalten und genauer betrachten zu können. Das haben viele mittlerweile verlernt. Nur so kann man feststellen, dass es neben einem Hunger nach Nährstoffen auch Hunger nach Zuneigung und Anerkennung gibt, einen Hunger, den man mit Essen nicht richtig stillen kann.

An der Art der Hungergefühle merkt man auch, ob das, was man vorher gegessen hat das Richtige war. Kommt man halb um vor Gier und Gelüsten, kommt einem der Körper wie eine Last vor, die man herumschleppen muss, war das Essen vorher wohl nicht gerade der Hit oder einem Nahrungsmittel wurde zu viel Zucker oder ein ungesunder Zusatz beigemischt.

# Gehirnzerstörer Nahrungsgifte

**Schädliche Stoffe beeinträchtigen Denkprozesse.**

Es kann durchaus vorkommen, dass man sich nach dem Essen anstatt wohlig und satt, niedergeschlagen und depressiv fühlt. (Etwa wenn man Fleisch gegessen hat, welches massiv mit Antibiotika oder sonstigen Zusätzen behandelt wurde.)
In unsere Nahrungskette gelangt so mancher für den menschlichen Organismus hochschädliche Stoff, wie beispielsweise Quecksilber oder das Metall Aluminium.
Quecksilber, eines der für den menschlichen Organismus giftigsten Schwermetalle überhaupt, ist als Zutat in Impfstoffen und als Füllstoff für Zähne verbreitet. Wissenschaftler beschreiben einen zwingenden Zusammenhang mit Autismus und Schädigungen des Nervensystems.
Aluminium kommt in der Erdkruste gebunden und unschädlich als Aluminiumsilikat vor. Im Zuge industrieller Prozesse wurde es jedoch isoliert und gehört daher in dieser ungebundenen Form zu den Nanopartikeln, welche die Blut-Hirn-Schranke überwinden.
Die Körperpolizei kann Aluminium also nicht erkennen und daher auch nicht bekämpfen.
Gelangt es so dann ungehindert ins Gehirn, schädigt es die für die Kontrolle der Motorik zuständigen Basalganglien.
Mit Aluminium werden deshalb innere Unruhe, Gedächtnis-

und Konzentrationsstörungen, Lethargie, Energielosigkeit, die Schädigung des Erbguts, Alzheimer, Autismus und Krebs in Verbindung gebracht.

Es ist durchaus wahrscheinlich, dass auch die rapide gestiegenen Fallzahlen von ADHS, neben möglichen Einflüssen wie Dauerfernsehen, Computerspielen, Vernachlässigung, Reizstoffen, mit Aluminiumschädigungen in Zusammenhang stehen.

In unserer Nahrungskette ist Aluminium erst seit etwa hundert Jahren überall zu finden. In Salz und Mehl, in Verpackungen von Milch, Wurst, Käse, Kaffee, Obst, Gemüse, Schokolade, Süßigkeiten, in Dosen, Backwaren, im Kochgeschirr, in Chipstüten und in Tetrapacks.

Man trinkt kohlensäurehaltiges Mineralwasser, Bioapfelsaft oder Cola und ist sich nicht bewusst, dass die Säure das Aluminium aus der Verpackung geradezu herauslockt.

Impfstoffen ist Aluminium ebenfalls beigemischt, und ganz perfide, Wasserwerke verwenden es zur Wasseraufbereitung.

Aluminium ist neben anderen schädlichen Bestandteilen auch in manchen Sonnencremes und stark verbreiteten Kosmetika. Man schmiert und sprüht sich das Zeug tagtäglich auf den Körper und ins Gesicht, im irrigen Glauben, sich etwas Gutes zu tun.

Riesige Nahrungsmittel- und Arzneimittelfirmen täuschen nicht selten mit manipulativen Geschäftspraktiken, preisen verseuchte Massenprodukte als Superfood, Genmanipuliertes als notwendig, und bisweilen verunreinigte Impfstoffe als gesundheitsfördernd.

# Weizenjunkie

## Was macht Genweizen mit unseren Gehirnen?

Weizen ist eines der Hauptnahrungsmittel.
Mittlerweile kontrollieren zwei oder drei große Konzerne weltweit den Weizenmarkt.
Klar, dass auf diese Weise gentechnisch herumexperimentiert werden kann, was das Zeug hält.
Genmanipulation wird dabei geschickt verkauft, sozusagen als allein seligmachendes Mittel zur Hungerbekämpfung der steigenden Weltbevölkerung.

Die krankmachenden Auswirkungen werden aber verschwiegen. Die Weltkonzerne haben ihre Lobbyisten, ihre Interessenvertreter in den Regierungen und somit auch die ahnungslose Bevölkerung fest in der Hand.
Die ursprünglichen Weizensorten sind fast weltweit mit gentechnisch stark verändertem Kurzstrohweizen ersetzt worden. Dieser ist widerstandsfähiger gegenüber Witterungs- und Schädlingseinflüssen und dank nitrathaltiger Düngung sehr ertragreich. Doch im menschlichen Körper können die neuen Formen eines Inhaltsstoffes, des Weizengliadins (Gliadin ist ein Protein der Glutene, der Klebereiweiße), Entzündungs-, Immun- und Suchtreaktionen hervorrufen.
Weizengliadine docken im Gehirn an Opiatrezeptoren an, steigern so den Appetit und bescheren uns einen kon-

sumorientierten und allergieanfälligen Schwabbelkörper.

Auch Tieren wird in Massen Genfutter verabreicht. Dies führt nachgewiesenermaßen zu Entzündungen in deren Körper. Industrie und viele Verbraucher scheinen blind und immun gegen das unermessliche Leid.
Der Geldvorteil zählt so stark, dass man den Schmerz der Tiere ausblendet, und sich dazu noch automatisch ins eigene Fleisch schneidet.
Denn die Frage ist nicht nur „Was bin ich für ein Mensch, wenn ich einem anderen Lebewesen so viel Schmerz zufüge, sondern auch: „Was richtet solches Fleisch in unserem Körper an? Was macht es mit dem Gleichgewicht unseres Ökosystems?"
Dazu muss man wissen, dass der Wirkungsgrad der Fleischproduktion im Durchschnitt bei nur 10 Prozent liegt. Das heißt, dass man bei der Herstellung einer Energieeinheit Fleisch zehn Energieeinheiten Futter verwenden muss. Wenn das Getreidefutter, das an Tiere verfüttert wird, direkt als Nahrung für den Menschen verwendet werden würde, könnte man deutlich mehr Menschen als durch tierische Produkte ernähren.

Tierische Lebensmittel belasten darüber hinaus die Umwelt in riesigem Ausmaß.
Laut dem Forscher Tobias Gaugler (Institut für Materials Ressource Management, MRM, Augsburg) entstehen bei der Herstellung tierischer Produkte wie Fleisch, Wurst, Milch und Käse weltweit mehr klimaschädliche Abgase als durch die Nutzung von Autos, Lkws, der Bahn und von Flugzeugen.

# „Neinsagen" lernen

## ...heißt Ansehensverlust aushalten können.

Es ist deshalb wichtig, jungen Menschen zu lehren, wie man sich Informationen über Lebensmittel beschafft, welche Lebensmittel gesund sind und auf welche Inhaltsstoffe besonders geachtet werden muss.

SchülerInnen müssen die Methoden kennenlernen, mit denen geschickte Werbung uns mit beglückenden Bildern und Sprüchen daran hindern will, uns von unserer Eigenwahrnehmung abzulenken.

Profitgier und Werbewirtschaft, Hintergründe über weltwirtschaftliche und ökologische Zusammenhänge, sowie intelligente, kreative Lösungen hinsichtlich einer hoffnungsvollen Zukunft für die wachsende Weltgemeinschaft gehören als Themen in die Schulen.

Lehrkräfte können SchülerInnen darin bestärken, der Masse und den Einflüsterungen der Medien nicht reflexhaft und kritiklos zu folgen, sondern Eigenverantwortlichkeit und Selbstmanagement zu entwickeln.

Im ganz normalen Alltag gerät man als „Gruppentier" Mensch oft unversehens aus der Bahn und ist damit blitzschnell weg von den eigenen Körperantennen.

Essen und Trinken spielen bei Gruppenritualen eine ganz große Rolle. Man schließt sich aus, wenn man etwas nicht isst oder trinkt, was in der Gruppe angesagt ist. Man braucht das Dazugehörigkeitsgefühl.

„Wie kann ich nein sagen, ohne das Ansehen meiner Kumpels zu verlieren?" wäre deshalb ein schulisches Thema von wirklichem Interesse.

SchülerInnen brauchen Satzmuster und Formulierungshilfen, wie man etwas sozialverträglich ablehnen kann. Man muss mit ihnen die adäquate Stimmlage und Körpersprache konkret ausprobieren und Gelegenheiten schaffen, das Ganze in gecoachten Realsituationen so lange einzuüben, bis es automatisiert ist. Die im Unterricht oftmals übliche Praxis des einmaligen Vorzeigens reicht nicht aus.

# Grüne Gehirnbooster

## Das perfekte Angebot der Natur

Unzählige „Ernährungspäpste" stellen uns Konzepte vor, mit denen wir schöner, glücklicher, intelligenter, gesünder werden.

Die einen schwören auf mehr Eiweiß, die anderen auf Ballaststoffe, einige unbedingt auf Nahrungsergänzungsmittel, andere auf eine fettarme Ernährung. Alle Konzepte sind auf den ersten Blick glaubhaft und dann bei genauerem Hinsehen doch wieder nicht. Meist werden nämlich nur isolierte Fakten beschrieben und nicht selten auch Studien der Ernährungsindustrie mitfinanziert.

Geistige und körperliche Fitness brauchen keine Aufputschmittel. Reine, sauerstoffgesättigte Atemluft, gutes Wasser und ungesättigte Fettsäuren sind für Aufbau und Funktion des Gehirns von grundlegender Bedeutung. Omega 3- und Omega 6- Fettsäuren benötigen wir für die Leitfähigkeit und Vernetzung unserer Neuronen.

Gehirntätigkeit verbraucht viel Glukose. Besonders wertvoll sind deshalb Nahrungsmittel, die einen ausgeglichenen Blutzuckerspiegel garantieren, ebenso wie Mikronährstoffe in bestimmten Zusammensetzungen.

Die Konzepte von Ernährungspäpsten lassen Wesentliches außer Acht. Denn in der Ernährung spielen nicht nur Fettsäuren und primäre Pflanzenstoffe wie Vitamin A, B, C, D, sowie Mineralien eine Rolle, sondern auch die Kombination von mehr als 30 000 sekundären Pflanzenstoffen, die sich in ihrer Wirkung oft gegenseitig potenzieren.

Deshalb kehren mittlerweile wieder viele Menschen zurück zu unverfälschten und natürlich gewachsenen Lebensmitteln, bei denen alles optimal kombiniert ist.

Absolute Fitness- und Gesundheitsbooster sind deshalb natürlich gewachsene grüne Blätter und Pflanzen.

Diese gibt man zusammen mit Obst einfach in einen Mixer und erhält eine Urform menschlicher Ernährung: Ein fantastisches, preisgünstiges Elixier, in dem alles enthalten ist, was der Mensch braucht.

Die grüne Welt ist spannend und voller Überraschungen.

Man bekommt wieder ein Gespür für die Wirkung von Nahrung. Essen kann auf einmal von der Wiese, aus dem Wald, aus dem (Schul)Garten oder vom Balkon geholt werden.

Wie toll diese Idee ist, haben bereits einige Städte entdeckt.

Sie bieten ihren Bürgern kostenlos Grünflächen und Saatgut. Jeder kann pflanzen und ernten. Man trifft sich, tauscht sich aus, sät und erntet.

Man kreiert immer neue Rezepte und legt sich auch seinen eigenen Pflanzengarten an.

Die Ernährung mit grünen Pflanzen, Blättern und Samen hat sich seit Jahrtausenden bewährt, weil in ihr alle Nährstoffe in der richtigen Zusammensetzung enthalten sind.

Sie ist auch eine geniale Art und Weise, um dem Hunger in der Welt Abhilfe zu schaffen. Es werden bestimmt nicht gentechnisch veränderte Getreide oder Kohlendioxid produzierende Fleischsorten sein, die in Zukunft das Ernährungsproblem auf der Erde lösen.

# Demokratie in der Kantine

Man kann die gesündesten Sachen essen, die es gibt, und trotzdem fühlt man sich nicht gut. Das ist dann der Fall, wenn man alles schnell in sich hineinkippt weil keine Zeit zum Essen ist, oder wenn das Essen lieblos oder sogar unappetitlich serviert wird.
Dann rebelliert der Magen schon beim Anblick.

Deshalb ist es unmöglich, wenn man jungen Menschen in Kitas und Schulen hastige Massenspeisungen mit billigen Nudel- und Fleischgerichten verpasst. Und das meist noch in kalten, lieblos eingerichteten Mensaräumen oder sogar auch Hinterzimmern mit Bierbänken. Gesundheitsgefährdend ist es jedoch, wenn man in Schulen Getränkeautomaten mit hochkalorischen aluhaltigen Getränkedosen statt mit Trinkwasserspendern aufstellt, wenn es in den Pausen nur ungesunde Zucker- oder Weißmehlprodukte zu kaufen gibt.

Erwachsene wissen um den Wert von gesunden Mahlzeiten in entspannter Atmosphäre. Sie geben dafür gerne ein paar Euro mehr aus. Wenn es aber um junge Menschen geht, gewinnt plötzlich der Geiz in den Verwaltungen die Oberhand.
Echte Demokratie würde für die Verwaltungen heißen: „Ich gönne auch Schülerinnen und Schülern gutes Essen".

# 21. Schokoeigenschaften einer Lehrperson

**Autoritätsdusel ist der größte Feind von Wahrheit.**

Albert Einstein

Es gibt einen gesunden Antrieb und eine innere Freude, sich zu entwickeln und zu verbessern.

Dafür benötigt man förderliche, großzügige und vertrauensvolle Beziehungen. Die Sicherheit einer unterstützenden Beziehung mit mindestens einem Menschen ist der entscheidende Motivationsfaktor für Lernprozesse überhaupt.

Lernende brauchen deshalb zugewandte, selbstsichere und begeisterungsentfachende Lehrkräfte.

Keine Moralisierer, Perfektionisten und Besserwisser.

Diese sind dem Lernen abträglich, da sie sich nicht gegen unangemessene Unterrichtskriterien wehren können, seien diese institutionell, medial, von Eltern oder Wirtschaftsverbänden gefordert.

In erfolgreichen Bildungseinrichtungen sind Lehrkräfte eher Werteträger, Organisatoren und Coaches von Lernprozessen als Wissensvermittler und unangreifbare Erziehungsautoritäten.

Hier werden Lernende, die in einer Sache weiter sind, nicht

selten die Funktion der Lehrkraft übernehmen.

Junge Menschen lernen oft viel mehr von anderen jungen Menschen, die in einer Sache schon weiter sind.

Jeder findet sich so bisweilen in der Lehrerrolle, kann Verantwortung übernehmen und bekommt das Gefühl, wichtig zu sein.

Jeder junge Mensch hat etwas, was er vermitteln und weitergeben kann.


In einer lerneffektiven Schule verkörpern Vorgesetzte das, was sie von ihren Mitarbeitern erwarten, sprich eine dialogisch-offene und zugewandte Geisteshaltung.

Offen-dialogisch heißt, sich Menschen vorsichtig zu nähern, zuerst beobachten um zu verstehen, was gerade passiert. Es heißt, dass man, bevor man Initiative ergreift, sich bestätigen lässt, dass Aktionen willkommen sind.

Erfahren LehrerInnen diese Haltung von ihren Vorgesetzten, sind auch sie in der Lage besser zu erspüren, was in den Köpfen ihrer Schüler und Schülerinnen vor sich geht.

Überfahren und Überrollen ist in einer klugen Lerninstitution also nicht mehr gefragt.

Für Aufsichtsbehörden ist es dringend an der Zeit, von Gehorsamsforderungen in Form nicht in Frage zu stellender Dienstanweisungen wegzukommen. Diese üben nur Druck und Kontrolle auf Lehrkräfte aus, erzeugen bei ihnen das Gefühl von Unterlegenheit, Hilflosigkeit und Ohnmacht.


Ein guter Vorgesetzter muss demokratische Werte transportieren. Er muss gegenteilige Meinungen aushalten und diskutieren können, ohne gleich beziehungsgefährdend mit der Moralkeule zuzuschlagen und Scham zu erzeugen.

Es ist Zeit für ein neues Erziehungsbild.

Die bis in die 90ger Jahre verbreitete Erziehungsdoktrin der nationalsozialistischen Erziehungspäpstin Johanna Haarer ist aufzuarbeiten.

Es gilt anzuerkennen, dass Lehrkräfte ganz normale Menschen sind, und dass sie nicht mehr die Rolle unendlich pädagogisch „gewiefter", belastbarer Übermenschen tragen müssen. Sie können nicht immer ruhig und kontrolliert auf jeden noch so unverschämt auftretenden Erziehungsbefohlenen oder Elternteil reagieren.

Lehrkräfte brauchen auch die Unterstützung ihrer Schüler und SchülerInnen.

In Begriffen tieferer Gehirnregionen gesprochen sind Lehrkräfte täglich mit einer „Horde" konfrontiert. In manchen Klassen, mit emotional entwicklungsrückständigen oder soziopathischen SchülerInnen werden ständig Leittierfunktion, Macht und Kompetenz der Lehrkraft angezweifelt. Das kostet Kraft.

In Gruppenlernprozessen sind LehrerInnen generell einem hohen Maß an Reizen ausgesetzt. Das menschlich Sinnvolle ist es, entsprechende Pausen zu machen.

Schädigend ist es, Pausen einfach zu reduzieren, und die Unterrichtenden in der wertvollen Erholungszeit mit Aufsichten oder Dienstanweisungen zu konfrontieren.

Unterrichten und Lernen ist anstrengend. Es verbraucht Energie und benötigt deshalb entsprechende Unterbrechungen. LehrerInnen und Lernende brauchen sinnvollerweise echte Denk- und Erholungspausen um ihre neuronalen Funktionskreise wieder auf Vordermann zu bringen.

Wenn der Akku leer ist muss es für Lehrkräfte Alternativen geben.

Es darf nicht das Motto gelten „der Krug geht solange zum Brunnen bis er bricht".

Zur Erhaltung ihrer psychischen Kraft braucht jede Lehrperson eine echte Hausmacht. In die Klassengruppe darf nur, wer eine entsprechende sozial-emotionale Reife hat und wer sich in Ton und Wort grundsätzlich achtungsvoll verhält.

Zur Unterstützung von Lehrkräften müssen deshalb vor Ort, für sozial-emotional rückständige oder gewaltbereite SchülerInnen bzw. deren Familien, schulische Helfer, Psychologen, systemisch ausgebildete Familientherapeuten und Sozialarbeiter bereitstehen.

Die derzeitige Multifunktionszuschreibung für Unterrichtende als Wissensvermittler, Beurteiler, Beziehungsgeber, Berater, Therapeut, Vertrauensperson ist komplett unrealistisch und beinhaltet zum Teil widersprüchliche Rollen.

Behörden und Lehrkräfte müssen eine neue Form demokratischeren, einfühlsameren Umgangs miteinander einüben. Auch die Lehrkräfte untereinander müssen lernen, sich gegenseitig solidarisch zu unterstützen, anstatt nach Anerkennung von oben zu heischen.

LehrerInnen brauchen den Zusammenhalt, das Sich-Fallenlassen im Kollegium. Ein gutes Kollegium trägt auch in schwierigen persönlichen und schulischen Situationen. Es spart Zeit durch clevere Planung und Austausch.

Der derzeit übliche Konkurrenzkampf um eine gute Beurteilung bringt letztlich nichts außer einer Vereinzelung der Lehrkraft und Orientierung nach oben.

# 23. Ausblick

## Kluges Lernen -
## Kluge Gesellschaft

Es ist an der Zeit, dass Schulen die geschichtlich bedingte bindungs- und dialogfeindliche Prägung ihrer Systeme reflektieren und aufarbeiten.

Schulaufsichtspersonal, Lehrkräfte und Bildungsplaner müssen sich unpassende Muster eingestehen, um sie hinter sich lassen zu können.
Dazu braucht man Verantwortliche, die sich um die Aufrechterhaltung eines humanen Schulklimas kümmern, ebenso wie selbstbewusste, in ihrer Persönlichkeit gefestigte LehrerInnen, die sich gegen die verordnete Zuschüttung ihrer Anvertrauten mit unnötigem Faktenwissen sowie gegen eine Verwässerung demokratischer Regeln, Werte und Errungenschaften positionieren können.
Nur wenn Lehrkräfte sich selbst nicht aus Angst vor Blamage, Häme und Neid ständig ducken müssen, haben sie die Kraft, Halt zu geben und junge Menschen zu lebensfrohen, aufrichtigen Bürgern zu erziehen.

Gerade momentan ist das so wichtig, da wir enormen machtpolitischen Herausforderungen und Aufbrüchen von Grenzen aller Art ausgesetzt sind. Ein großer Teil unserer Gesellschaft und auch der Jugend fühlt sich enorm unter Druck und sieht sich beängstigenden Strömungen ausgeliefert.

Druck, Versagensangst und Multitasking erzeugen aber ein langsameres Gehirn. Man ist nicht mehr Besitzer seiner Vernunft, sondern agiert, leicht manipulierbar, reflexhaft im Angriffs- oder Verteidigungsmodus.

Wir müssen aufpassen, uns nicht von diesem Sog mitreißen zu lassen.

Wir müssen weg von der Kultur der hektischen Gleichzeitigkeit, der Bewertung und Gängelung, hin zu einer Kultur der Achtsamkeit und Selbststeuerung.

Wir brauchen ein Gegengewicht zur immer schnelleren, oberflächlicheren und panischeren Lebensart. Das Positive, Harmonische, das Friedliche, Aufbauende und Kreative darf nicht mehr ein Schattendasein führen. Im Gegenteil! Es muss wieder die Übermacht bekommen.

Dazu brauchen wir in den Lerninstitutionen und Gesellschaften eine Gleichwertigkeit analytischer und sozial-emotionaler Fähigkeiten.

Der klassische IQ wird so um letztere erweitert.

Lernorte müssen daher so orientiert sein, dass in kleineren Einheiten persönliche Begegnungen und stabile Bindungen möglich werden. Das führt zu dem von allen Bildungsbewussten geschätzten natürlichen Lernantrieb. Es erzeugt die innere Kraft, Entbehrungen und Mühen für ein großes Ziel auszuhalten, um dann höchstes Meisterglück genießen zu können.

Die Regelklasse der Zukunft dürfte eine pairingorientierte Gruppe sein, in der man sich persönlich kennt und deshalb füreinander verantwortlich fühlt, wohl meist ortsnah und jahrgangsübergreifend, mit maximal 15 Lernenden.

In ihr hat man seinen sicheren Platz, man kennt sich, man lernt miteinander und voneinander, die Jüngeren von den Älteren, die Schwächeren von den Stärkeren, die eine Nationalität von der anderen.

Intensives modernes Lernen und die Eingliederung fremder Kulturen ist in kleinen, persönlichen Einheiten am besten gewährleistet.

Jeder einzelne ist dort wichtig und wird gebraucht. Jeder weiß etwas, was er den anderen zeigen kann. So ist die Autobahn zu Expertentum, zu Toleranz und Zusammenarbeit geebnet.


Für Bildungsinstitutionen und auch für uns als Gesellschaft ist es an der Zeit, in neuen sozialintelligenteren Strukturen als bisher zu denken.

Bescheidene, vernunftgesteuerte Menschen bringen hinsichtlich einer sättigenden, friedvollen Zukunft mehr mit als Menschen die von Gier, Rache und Monopolsehnsucht geprägt sind. Letztere sind, durch eine vernünftige Zukunftsbrille betrachtet, Ausdruck fehlgeleiteter menschlicher Entwicklungsprozesse und als solche durch Bildung beeinflussbar.

In diesem Sinne täten Bildungsinstitutionen gut daran, mehr als bisher die Wertschätzung für die Errungenschaften unserer freiheitlich-demokratischen Gesellschaft zu vermitteln, zu lehren wie man Demokratie lebt, pflegt, genießt und wie man die Würde des anderen respektiert.

Es ist wichtig, jungen Menschen bewusst zu machen, dass Streiten und Ringen um einen Konsens zu einer guten Demokratie gehören. Dass unterschiedliche Meinungen für Fortschritt wichtig sind und diskutiert werden müssen, ohne dass man sich feindlich gegenübersitzt und gesellschaftlich oder medial niedermacht.

Rechtsstaatlichkeit und freiheitliche Demokratie sind eine große menschliche Errungenschaft, für deren Erhalt es sich lohnt, starke Anstrengungen zu unternehmen. Innerhalb der Geschichte ist bisher keine Lebensform bekannt, die eine menschlichere wäre.

Freiheit lebt von Vernunft und Weitsicht, von der Fähigkeit, in großen Sinnzusammenhängen zu denken, sich selbst reflektieren und die Ressourcen des ganzen Großhirns anzapfen zu können.

Weltfrieden kann auf Dauer nur dann aufgebaut werden, wenn wir alle unsere neurologischen Schaltkreise Hirnstamm, Zwischenhirn und Großhirn vernünftig miteinander vernetzen können und uns soweit im Griff haben, dass wir auch in Konfliktsituationen den grundsätzlichen mitmenschlichen Zugewandtheitsmodus nicht verlassen.

Nur als vernünftige, friedliche, ruhig abwägende Menschen können wir unser menschliches Raumschiff in eine gute Zukunft lenken.

Menschen mit einem einigermaßen hoffnungsvollen Leben sind für Gewalt und fanatische Terroraktionen nicht anfällig.

Sie haben genug Lebendigkeit und Selbstsicherheit um nicht

gegenüber dominanten, radikalen Kräften einzuknicken.

Nur Verlierer der Weltgesellschaft mit angeschlagenem Selbstwertgefühl stellen sich gerne unter den Schutz manipulativer, vordergründig mächtiger Führer, die ihnen Sicherheit und die Rückgabe verlorener Macht und Ehre vorgaukeln.

Laden wir deshalb uns und unsere Kinder mit Positivem auf. Holen wir sehr viel Gutes und Schönes in unser Leben. Setzen wir häufig die rosarote Brille auf. Wir brauchen dreimal so viel Freude, um einmal Ärger neutralisieren zu können.

Das bedeutet für Orte des Lernens: „Auf zu Inspiration, zu Musik und Tanz, zu Rückhalt, Trost und Gemeinsinn".

Dann haben wir am Ende eine kluge Gesellschaft.

Mein Dank gilt besonders meinen Lektoren Heinz und Anne, ebenso wie allen meinen Schülerinnen und Schülern, die mich geduldig gelehrt haben, die Dinge von ihrer Seite aus zu betrachten.

## Literaturhinweise

Folgende Bücher kann ich zum vertieften Weiterlesen empfehlen.
Aus ihnen habe ich teilweise auch Textstellen oder Abschnitte sinngemäß
wiedergegeben.

Rita Carter, Das Gehirn, München 2010

Rita Scheuermann, Optimal lernen, Norderstedt 2017

Nils Birbaumer, Dein Gehirn weiß mehr als du denkst, Berlin 2014

Daniel Coleman, Konzentriert euch, New York 2013

Daniel Coleman, Social Intelligence, New York 2006

Manfred Spitzer, Digitale Demenz, München 2012

Rolf Dobelli, Die Kunst des klaren Denkens, München 2011

Daniel Schacter, THE SEVEN SINS OF MEMORY, USA 2002
Ken Blanchard, Sheldon Bowles, Gung HO!,New York 1998

Karl Heinz Brisch, Bindungsstörungen, Stuttgart 2008

Raphael M. Bonelli, Perfektionismus, München 2014

Kevin Dutton, Gehirnflüsterer, München 2012

Horst Lutz, Lifekinetik, Gehirntraining durch Bewegung, München 2010

Nathaniel Branden, Die 6 Säulen des Selbstwertgefühls, München 1995

Paul Ekmann, Gefühle lesen, Heidelberg 2007

Jörg Blech, Gene sind kein Schicksal, Frankfurt 2012

Ulrike Stednitz, Mythos Begabung, Bern 2008

Peter A. Levine, Verwundete Kinderseelen heilen, München 2006

Vera F. Birkenbihl, Jungen und Mädchen: wie sie lernen, Deutschland 2011

Ingrid Müller-Münch, Die geprügelte Generation, München 2013

Daniel Tammet, Wolkenspringer, Von einem genialen Autisten lernen, München 2010

Christina Berndt: Resilienz, München 2013

Joachim Bauer, Warum ich fühle was du fühlst, Hamburg 2005

Friedemann Schulz von Thun, Miteinander Reden, Band 1

Hamburg 2001,
Band 2 Hamburg 2006, Band 3, Hamburg 2006

Steve Biddulph, das Geheimnis glücklicher Kinder, München 2001

Herbert Schwinghammer, Essen das intelligent macht, Deutschland 1997

Claudia Daiber, Essen das glücklich macht, Deutschland 1997

Paul Bühre, 15, Teanie Leaks, Berlin 2015

Vivian Dittmar, Kleine Gefühlskunde für Eltern, München 2014

Franz Alt und Tenzin Gyatso: Der Appell des Dalai Lama an die Welt, Ethik ist wichtiger als Religion, Deutschland 2015

Haftungsausschluss

Die Autorin kann weder Haftung noch Verantwortung für eventuelle Folgen übernehmen, die direkt oder indirekt aus den in diesem Buch gegebenen Informationen resultieren oder resultieren sollen